KOSKOS式

総合型・学校推薦型選抜の教科書

［大学入試改革対応］

AO推薦入試専門塾 KOSKOS 塾長
小杉 樹彦

日本一！ 大学に近い塾が教える新受験技法

KOSKOS

知らないことは恥ではない。
知ろうとしないことが恥なのだ。

Contents

Prologue …… 10

Part1 「入試準備編」

Q：大学入試改革で何が変わるの？ …… 14
Q：大学入試の種類を教えて！ …… 17
Q：いつ頃から準備するのがベスト？ …… 20
Q：大学入試改革に備えた勉強法を教えて！ …… 23
Q：一般入試との両立ってできるの？ …… 26
Q：有意義な高校生活の過ごし方を教えて！ …… 29
Q：評定平均を上げるコツを教えて！ …… 32
Q：有利になる資格・検定を教えて！ …… 35
Q：課外活動って何をしたらいいの？ …… 38
Q：「自己分析」ってどうやるの？ …… 40
Q：「大学研究」ってどうやるの？ …… 42

Q：大学巡りのポイントを教えて！……45
Q：オープンキャンパスに参加しないと不利？……48
Q：大学教員と面会できるの？……50
Q：わざわざ、塾や予備校に通う必要ってあるの？……53
Q：塾・予備校にかかる費用の相場を教えて！……56
Q：どんな塾、予備校がいいの？……59
MEMO

Part2 「出願書類編」

Q：出願書類ってどんなことを書くの？……64
Q：「志望理由書」と「自己推薦書」って何が違うの？……67
Q：書く内容が思いつかない……。……70
Q：志望理由書には伝わる書き方があります。……73
Q：冒頭3行をどう書き出せばいいの？……76

Q：志望理由書を書く際に気をつけるべきポイントは？……79
Q：他の受験生はどんな志望理由を書いているの？……82
Q：入学後に研究内容が変わっても大丈夫？……85
Q：大学卒業後の進路って書いていいの？……88
Q：最後の3行はどう締めればいいの？……91
Q：自由記述って何を書けばいいの？……94
Q：自由記述ってどう書けばいいの？……97
Q：自由記述のアイデアが思い浮かばない……。……100
Q：活動報告書で書くことがない……。……103
Q：「志願者評価書」と「推薦書」って何が違うの？……106
Q：WEB出願の注意点は？……109
MEMO

Part3

「筆記試験・小論作文編」

Q：筆記試験はどれくらい取れれば受かるの？……114
Q：筆記試験の点数が高いと面接で有利になるの？……117
Q：筆記試験は何をどう勉強すればいいの？……119
Q：筆記試験の勉強ですぐに挫折してしまう……。……122
Q：小論文はいつから勉強を始めればいいの？……125
Q：「小論文」と「作文」の違いって何？……128
Q：どんな受験生が小論文で受かるの？……131
Q：小論文ってどう書くの？……134
Q：「伝わる文章」を書くためのコツを教えて！……137
Q：どうすれば文章力が身につくの？……140
Q：原稿用紙を埋めるコツを教えて！……142
Q：小論文の時間配分はどうすればいいの？……145

Q：小論文でよく出るテーマを教えて！ …… 148
Q：小論文の効果的な演習方法を教えて！ …… 151
Q：要約問題のコツを教えて！ …… 154
Q：添削の受け方を教えて！ …… 157
Q：説得力を上げるコツを知りたい！ …… 160
MEMO

Part4
「面接・プレゼン編」

Q：面接の種類を教えて！ …… 166
Q：「大学面接」と「就職面接」の違いって何？ …… 169
Q：「圧迫面接」だったらどうすればいいの？ …… 171
Q：どんな受験生が面接で受かるの？ …… 174
Q：面接ってどんなことが聞かれるの？ …… 177
Q：伝わる話し方のコツを教えて！ …… 180

Q：答えられない質問への対処方法を教えて！ …… 183
Q：「想定問答カード」の作り方を教えて！ …… 186
Q：面接のマナーを教えて！ …… 188
Q：面接には何を着ていけばいいの？ …… 191
Q：プレゼンってどう準備すればいいの？ …… 194
Q：プレゼン資料作りのコツを教えて！ …… 197
Q：プレゼンの効果的な練習方法を教えて！ …… 200
Q：WEB面接で気をつけるべきことは？ …… 203
Q：面接前日に注意すべきことは？ …… 206
Q：面接当日に緊張しない方法を教えて！ …… 209
MEMO

Epilogue …… 214

「KOSKOS×武田塾」サテライト校コースのご案内 …… 218

本書の使い方と注意点

●本書は総合型選抜・学校推薦型選抜を受験する前の「最初の一冊」として、基礎理解を深めるためのものです。受験準備を行う過程で、常に手元に置いておいてください。行き詰まったり、迷ったりした時、この本のどこかに壁を乗り越えるためのヒントが書かれているはずです。

●「総合型選抜」「学校推薦型選抜」と「一般選抜」の名称については、便宜上、これまで使用していた「ＡＯ推薦入試」「一般入試」と表記することとします。

●本書は著者が独自に調査した結果を出版したものです。

●掲載情報は出版当時のものとなります。本書の内容の正確性については、万全を期していますが、入試の仕様などが変更される場合もあります。受験の際には必ず最新情報を確認してください。

Prologue

本書は総合型選抜・学校推薦型選抜（以下、ＡＯ推薦入試）を考える受験生の教科書（入門書）となることを目指して執筆しました。

主な特長は次の３点です。

□ 対策の全体像を体系的に掴むことができる
□ 専門塾の独自ノウハウが盛り込まれている
□ ＷＥＢ面接などの最新動向に対応している

本書の内容は、延べ３０００人に上る受験相談の中から「よくある質問」を厳選し、その回答をまとめたものです。

構成は全4Partから成り立っています。

Part1では、「入試準備」に関して解説します。

Part2では、「出願書類」に関して解説します。

Part3では、「筆記試験・小論作文」に関して解説します。

Part4では、「面接・プレゼン」に関して解説します。


Part1から順を追って読み進めれば、ＡＯ推薦入試とその対策について体系的に理解できるように工夫しています。

ただ、時間のあまりない人は、関心のあるPartから読んでいただいて構いません。

また、気づいたことや学んだことを直接書き込めるように、各Partの最後にＭＥＭＯを付しています。

ぜひ、活用してください。

本書がこれから大学入試を迎える受験生の一助になれば幸いです。

それでは早速、はじめましょう！

Part 1

「入試準備編」

Q 大学入試改革で何が変わるの？

これまでの入試は知識の習得が中心でした。

つまり、歴史の流れを理解したり、単語を覚えたりと、いわゆる、「理解力」「暗記力」が試される入試でした。

しかし、大学入試改革ではこの点にメスが入ります。

これからの入試では「学力の3要素」をバランスよく評価することが促されています。

学力の3要素とは、具体的に次の要素を指します。


「知識・技能」

「思考力・判断力・表現力」

「主体性を持って多様な人々と協働して学ぶ態度（主体性・多様性・協働性）」


改革が目指しているのは、受験生の学力の3要素について、多面的・総合的に評価する入試への転換です。

受験生の学力の３要素

知識の習得
学力の３要素

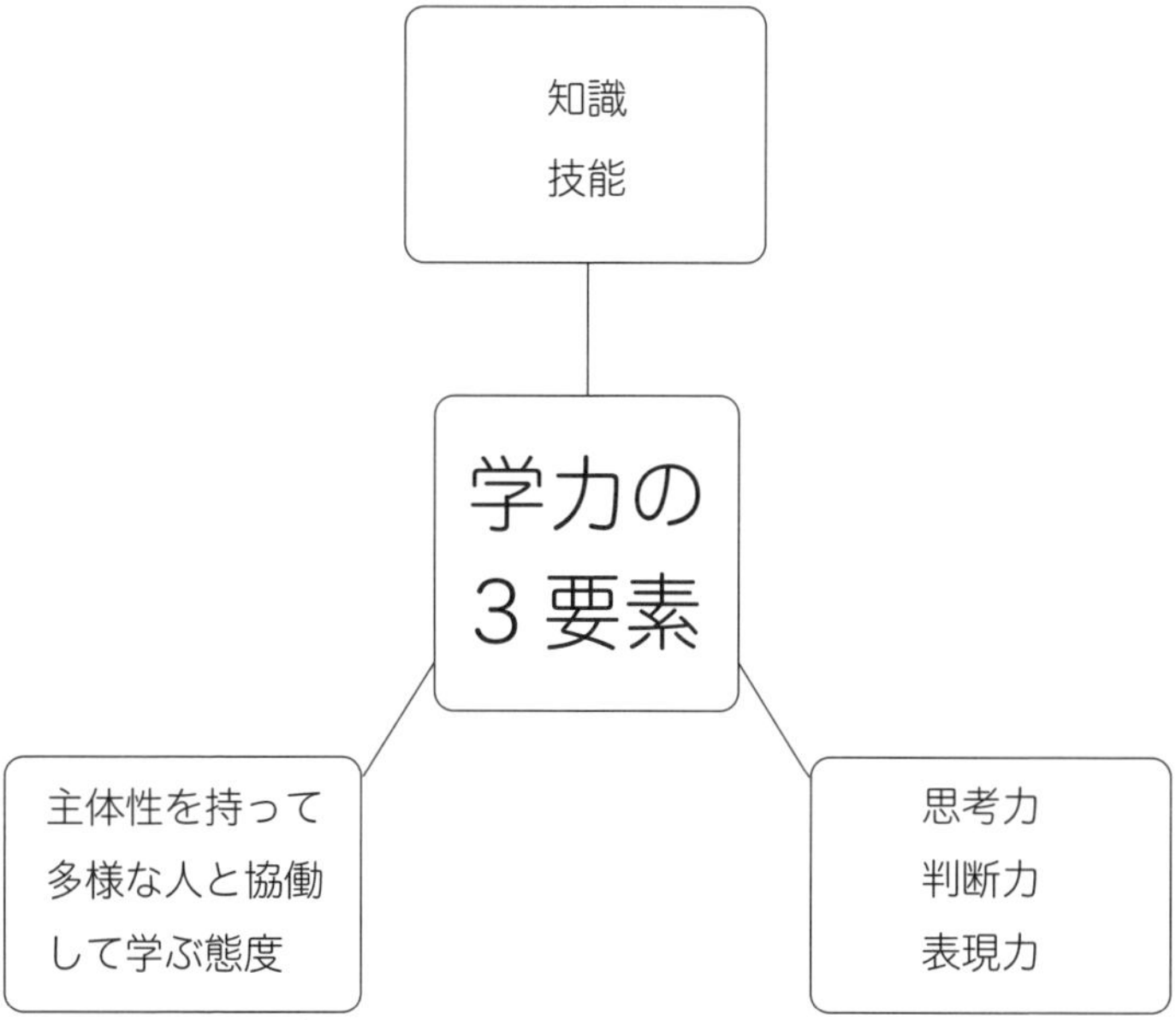
知識
技能
学力の
３要素
主体性を持って
多様な人と協働
して学ぶ態度
思考力
判断力
表現力

さらに、大学入学者選抜実施要項（文科省から国公立・私立の各大学に通知される入試に関するルール）では、ＡＯ推薦入試について以下のような改革が行われることが示されています。

①小論文、プレゼン、教科・科目に係るテスト、大学入学共通テストなどのうち、いずれかの活用を必須化。
②調査書・推薦書の内容の見直し、本人記載の提出書類の多様化・内容の充実。

ＡＯ推薦入試においても、「大学入学共通テスト」などが活用され、一定以上の学力を有していることが重視されます。

さらに、出願書類の充実に加え、面接などの多様な評価方法を取り入れることで、学力試験以外の要素も加味した選抜が行われる方針となっています。

POINT

知識の習得から「学力の3要素」が重視される入試へ移行する

Q 大学入試の種類を教えて！

大学入試の種類についても新たに区分されます。
まず、従来の大学入試には、次のような種類がありました。

- □ AO入試
- □ 公募制推薦入試
- □ 指定校推薦入試
- □ 一般入試

そして、今回、大学入試改革をきっかけに、次のように名称変更されることになりました。

□ 総合型選抜
□ 学校推薦型選抜
□ 一般選抜

「総合型選抜」は、従来のＡＯ入試にあたります。

「学校推薦型選抜」は、従来の公募制推薦入試、指定校推薦入試にあたります。

「一般選抜」は、従来の一般入試にあたります。

なお、冒頭の「本書の使い方と注意点」でもお伝えしたように、この本では便宜上、従来の呼称通り、総合型選抜、学校推薦型選抜については「ＡＯ推薦入試」と表記することとします。


さて、変更されるのは名称だけではありません。

試験内容についても変更されます。

総合型選抜では、大学独自に学力を把握する試験、または「共通テスト」が課されます。

大学独自に学力を把握する試験とは、具体的に小論文、プレゼン、口頭試問、実技、各教科・科目テスト、資格・検定試験の成績などが挙げられます。

学校推薦型選抜でも、総合型選抜と同様に大学独自に学力を把握する試験、または「共通テスト」が課されることになります。

一般選抜では、調査書の他にも各種書類の提出が求められるようになります。

これらの入試制度はいずれも、多面的・総合的な評価の視点から選抜の特性をより明確にする目的で変更されています。

POINT

「総合型選抜」「学校推薦型選抜」「一般選抜」の3種類がある

Q いつ頃から準備するのがベスト？

準備の開始時期について質問をする受験生の状況は、大きく2パターンに分かれます。

一つは現在、高校1・2年生で入試までまだ時間があるパターン。

もう一つは現在、高校3年生や既卒生で本番までに時間があまりないパターン。

もし、あなたが前者だというなら、今から始めることをおすすめします。

KOSKOSでは、「準備は『細く長く』が鉄則」と話しています。

その方が準備できる選択肢が増えるからです。

例えば、大学教員にアポを取って入学後の研究の相談に乗ってもらおうという人がいます。

入試まで時間があれば、快諾してくださる教員もいらっしゃるでしょう。

それが、本来であれば「受験生のためなら」と貴重な時間を割いてくださるような教員であっても、入試が直前に迫っているような状況では話を聞くことは難しくなります。

入試に直接的な影響を及ぼしかねないと判断される可能性があるからです。

早めに動いていれば、アポを取れたにも関わらず、初動が遅かったことで気づかないうちにチャンスを逃しているのです。

その他にも高1・2生からスタートすれば、次のようなアクションを起こすことができます。

□ 大学主催のイベントに参加する
□ 短期・長期留学する
□ 資格や検定を取得する
□ 研究者にインタビュー取材する
□ フィールドワーク（現場調査）に行く

一方で、高3生の入試直前期からスタートした人は、前述のようなアクションは起こせません。

ＡＯ推薦入試の場合、書類作成に着手した時間や面接練習に割いた時間だけがＡＯ推薦入試の準備期間というわけではありません。

ＡＯ推薦入試はそれまでの人生の集大成といわれることもあり、それまでの積み重ねがモノをいいます。

これまで取り組んできたことに自信がある人は、例えば、入試本番まですでに半年を切っているという状況であっても、諦めるのはまだ早いかもしれません。

「間に合うか」ではなく、「間に合わせる」という姿勢を持つことが大事です。

後のない高校3年生、既卒生は効率的な準備を行えるように、全体計画を綿密に立てて臨みましょう。

私に「まだ間に合いますよ」といわれて安心しているようではいけません。

「人よりも遅れている」という危機意識を持って臨みましょう。

POINT

準備は「細く長く」が鉄則。「間に合わせる」という姿勢で臨む

Q 大学入試改革に備えた勉強法を教えて！

大学入試改革により、これまでとまったく同じやり方では、太刀打ちできなくなりました。

今後、受験生は新しい勉強法を身につける必要があります。

具体的にはこの2つです。

□「効率」を重視する学び方
□「ムダ」を重視する学び方

KOSKOSでは、前者を「天井がある学び」と呼んでいます。

それに対して、後者を「天井がない学び」と呼んでいます。

どういうことかといいますと、天井とは、その学びの限界点を指しています。

前者の例でいうと、資格や検定などが挙げられます。

例えば、英検であれば1級以上はどう頑張っても取得できません。

「1級という天井」があるわけです。

後者の例でいうと、「教養を磨く」「研究をする」などがそれに当たります。

例えば、教養を高めようと思ったときに、「これ以上、身につけることができない」という限界点は存在しません。

両者の勉強法は大きく異なります。

天井がある学びの勉強法は、次の3つがキーワードとなります。

① 合理性
② 反復
③ スピード

天井がある勉強については、従来の一般入試の勉強法など、様々な場所でおすすめの方法が紹介されています。

KOSKOSと事業提携している武田塾が公開している勉強法も大変参考になるはずです。

一方、AO推薦入試では、効率だけでなく、「ムダ」も大事になります。

効率のみを追い求める一般入試の学び方とは正反対です。

その場合、机に向かうだけが学びではありません。

足を使って人に会う。

自分の眼で確かめ、手で触れてみる、といった五感をフルに使った学びも大事な勉強となります。

どちらの学びが大事かという話ではありません。

学ぶ対象によってどちらの方が適しているか変わります。

これからAO推薦入試に立ち向かうのであれば、両方の学び方が必要です。

目的に沿って、2つの学び方を使い分けられるようになってください。

POINT

天井がある学びとない学び、2種類の学び方をマスターしよう

Q 一般入試との両立ってできるの？

一般入試との両立についての相談は、高校2年生の終わりから高校3年生の4月頃にかけて多くなります。

結論からいえば、物理的には十分に可能です。

過去に両立した受験生は大勢います。

両方の準備を行い、結果としてAO推薦入試で先に決まった例は枚挙に暇がありません。

ただし、両立を目指すことは「努力家」「頑張り屋」だからこそできることです。

人の2倍、3倍の努力をする覚悟がないといけません。

有効な時間の使い方も求められるでしょう。

両立すべきかどうかは、状況をよく見て検討すべきです。

特に今、模試の成績でA～B判定が出ている受験生は要注意です。

そのような受験生が、高3生の夏頃になって、AO推薦入試も受けたいといい出したら、私は

AO推薦入試の専門塾の塾長を務めている立場ではありますが、再度じっくり検討するようにと

促します。

「二兎を追う者は一兎をも得ず」ということわざもあるように、力が分散してしまってはいけません。

このまま一般入試に集中すれば、合格の可能性は一層高まったにもかかわらず、ＡＯ推薦入試にも手を出したことで、逆に合格の可能性を下げてしまうことにもなりかねません。

また、受験生一人ひとり置かれた状況は違う点を考慮しなければなりませんし、性格的にどちらも中途半端になってしまうとわかっているなら、一本に絞った方が得策といえます。

この辺りは慎重な判断が必要です。

こうしたケースを十分に検討した上で、結果としてＡＯ推薦入試と一般入試を併願しやすい大学はあります。

例えば、２科目受験で小論文を課す大学などは、コストパフォーマンスがいいです。

科目数が多ければ、両立の難易度は上がります。

しかし、一般入試の科目数が少なければ、時間的な面においてＡＯ推薦入試と並行して対策しやすいです。

さらに、その科目が「小論文」となれば、ＡＯ推薦入試で磨いた「書いて伝える能力」が一般入試でも大いに活かせます。

ＡＯ推薦入試と一般入試を両立する場合は、進捗と本番までの残り時間を考えて、対策に費やす割合を適宜変えていきましょう。

POINT

スタートが早ければ、一般入試との両立も十分に可能

Q

有意義な高校生活の過ごし方を教えて！

まず、学生の本分は「学業」です。

学業をしっかりとこなした上で、その他の時間をどう過ごすかを考えましょう。

学内の勉強だけでなく、資格や検定の取得にも積極的に励んでもらいたいです。

その上で、学業以外について、KOSKOSの塾生には、「今しかできないことをしてください」と伝えています。

それは必ずしもAO推薦入試のために何かをすることではありません。

例えば、次のようなことです。

□ 制服を着て登校する
□ 部活動に参加する
□ 生徒会に参加する……
etc.

こうした日常の些細なことも、「今しかできないこと」です。

あとで振り返ってみて、「もっと楽しんでおけばよかったな」などと情けないことは言わないでほしいです。

つまり、後悔しないように高校生活を満喫してほしいのです。

後悔しないためのヒントとなるのが、「今しかできないことをする」なのです。

前記は一般的な例です。

あなたにとって、「今しかできないこと」は何か?

寝る前の5分間でも構いませんので、少し立ち止まって考えてみてください。

恋愛相談もよく受けますが、恋愛も立派な「今しかできないこと」です。

ところで、あなたは恋愛成就に必要な「3つのＩＮＧ」をご存知でしょうか?

- □ Feeling(フィーリング)…何となく受けた雰囲気
- □ Timing(タイミング)…頃合い、時期
- □ Happening(ハプニング)…予想外の出来事

この3つです。

まさに恋愛は、後戻りすることができない「今しかできないこと」の代表格です。

話が少し脱線してしまいましたが、有意義な過ごし方ができるようになると、顔つきが変わります。

KOSKOSの塾生でも、今やるべきことが見つかった瞬間、顔つきが変わるのです。

人生は「自己推薦」です。

恋人も、生徒会長も、部活の選抜も自分から一歩を踏み出さなければ始まらないことも多いです。

常にオーディションだと思って色々なことに挑戦してください。

遠慮なんてもったいない。

一度きりの人生を後悔しないよう、自ら手を挙げていきましょう。

POINT

学業が学生の本分。その上で、今しかできないことを意識しよう

Q 評定平均を上げるコツを教えて！

学業成績も評価の一つです。

評定平均は本人の努力次第で確実に上げることができ、「怠ければ下がる」という単純な仕組みで作られています。

コツを掴めば、評定平均は効率よく上げることができます。

ここでは評定平均を上げる3つのコツをお伝えします。

コツ① すぐ評定が上がる科目に力を入れる
コツ② ノートや課題の提出を怠らない
コツ③ 日頃から教員との信頼関係を築く

コツ①について、簡単に評定が上がる科目や、これまでの試験結果から、もう少しで評定が変わるという科目に重点的に力を入れましょう。

一般的に、評定平均を決めるにあたって最も評価の比重が高いのが、定期試験でしょう。

つまり、定期試験で高得点を取ることが評定を上げる一番の近道になるわけです。

予習は必要ないので、日々の授業をその場ですべて理解するくらいしっかり聞いて、小まめに復習しましょう。

さらに、先輩から定期試験の「過去問」を入手しましょう。

地域密着型の塾に通って、高校別の定期試験対策を受けるのもアリです。


コツ②について、提出物をしっかり出していますか?

ここで「オールAを取るのは当たり前」といった姿勢でなくては、周りから評定平均で差をつけられてしまいます。

くれぐれも提出忘れなどないようにしてください。


コツ③について、ありていにいうと、日々の生活・授業態度です。

担任教員だけでなく、各教科の教員と信頼関係を構築しておくことが大事です。

これは決して「ゴマをすれ」というわけではありません。

礼儀やマナーをしっかりして、誠実に向き合うことで、印象点は大きく上がります。

評定をつける上で、定期試験の点数以外に授業態度や生活態度が関わるのであれば、印象点は見逃せません。

出席率はもちろんのこと、真摯に質問する姿勢や授業に積極的に参加する姿勢は評価の対象になるはずです。

以上、コツについて述べましたが、高校1・2年生に関しては、今から学業成績を上げる努力を怠らないでください。

高校3年生については、入試本番までにまだ定期テストのチャンスがあるならば、それに全力で臨んでください。

1点でも多く取ることができれば、それによって最終評価が変わるかもしれません。

POINT

定期試験の点数だけでなく、日々の生活態度でも差がつく

Q 有利になる資格・検定を教えて！

ＡＯ推薦入試の受験を検討している場合、資格・検定を持っておくと有利に働くことが多いです。

例えば、それ自体が受験資格となっている場合もあれば、学科試験免除などの優遇処置が受けられる大学もあります。

具体的には、以下のような資格・検定はどの大学を受験するかに関係なく、取得しておいて損はないものとなっています。

- □ 英検（実用英語技能検定）
- □ ＴＯＥＩＣ
- □ ＴＯＥＦＬ
- □ 語彙・読解力検定

□　数検（実用数学技能検定）
□　簿記

ただし、注意してほしいのは、資格・検定を語る上で大事なことは、結果よりも「過程」だということです。


ＡＯ推薦入試では、資格・検定を取得するための努力、頑張りが評価されます。

仮にあなたが英検２級を持っていたとしましょう。

それ自体は、誰が持っていても同じ価値です。

しかし、帰国子女の受験生が英検２級を取るのと、英語が苦手な受験生が勉強を重ねて合格を勝ち取るのとでは、取得の重みが違います。

資格・検定を取得する前の過程において、その受験生がどう成長したか。

その点をアピールすることが必要です。

また、今後、取得した資格・検定をどう活かしていきたいか。

将来への役立て方も大事でしょう。

結果にこだわることも大切ですが、ＡＯ推薦入試を考えているのであれば、その過程も重視してもらいたいと思います。

POINT

直前で受けると、入試までに結果が間に合わないリスクがある

Q 課外活動って何をしたらいいの？

ＡＯ推薦入試における課外活動の意味ですが、ボランティアなどの特定の活動に限らず、広い意味で捉えてください。

例えば、ＫＯＳＫＯＳの塾生の場合、次のような取り組みを行っている人がいます。

- □昆虫の飼育
- □御朱印集め
- □サイクリング
- □作詞作曲
- □短編小説執筆
- □イラスト制作
- □短期留学
- □読書レポート

こうした「身近な習慣」や「地味な趣味」も課外活動になり得ます。


個人的な活動から将来の研究の方向性が見えてくることもあります。

ですから、「こんなことは課外活動にならないよな」と決めつけてはいけません。

自己分析を通じて、何らかの継続的な取り組みがないかをていねいに洗い出してください。

過去の活動に「意味合い」「意義」を見出すわけです。

おそらく、前述したような活動は、最初から明確な目的意識を持って行っていたわけでないはずです。

そうした活動に対して、「自分が活動に取り組んでいた理由」を改めて見直してみるのです。

ＫＯＳＫＯＳでは、その際のサポートも行っています。

例えば、過去の活動をきっかけに研究に向けた問題意識へと繋げることができないか、一緒にディスカッションしています。

過去の活動に意味を持たせる作業は、一筋縄ではいきません。

自分自身としっかり向き合い、興味関心を掘り下げてみてください。

POINT

「身近な習慣」や「地味な趣味」も課外活動になり得る

Q 「自己分析」ってどうやるの？

自己分析において、大事なことが２つあります。

１つ目が、目的を決めることです。

目的を定めなければ、自己分析にゴールはありません。

ここでの目的は、例えば、「志望理由書を書くための材料を揃えること」などと設定することができるでしょう。

そうなると、志望理由書を書けるだけの材料が揃った時点で、自己分析は終わりとなります。

志望理由書を書くための情報が十分にあるにもかかわらず、自己満足のために延々と自己分析を行う必要はありません。

目的を達成したら、速やかに執筆に取り掛かりましょう。

続いて、２つ目は、コアを作ることです。

コアとは、あなたのミッション（使命）といい換えることもできるでしょう。

自己分析の意義はコア作りにあります。

では、どのようにしてコアを作ればいいのでしょうか。
参考として、次に紹介する「3つの輪」を活用してみてください。

□やってきたこと
□やりたいこと
□できること

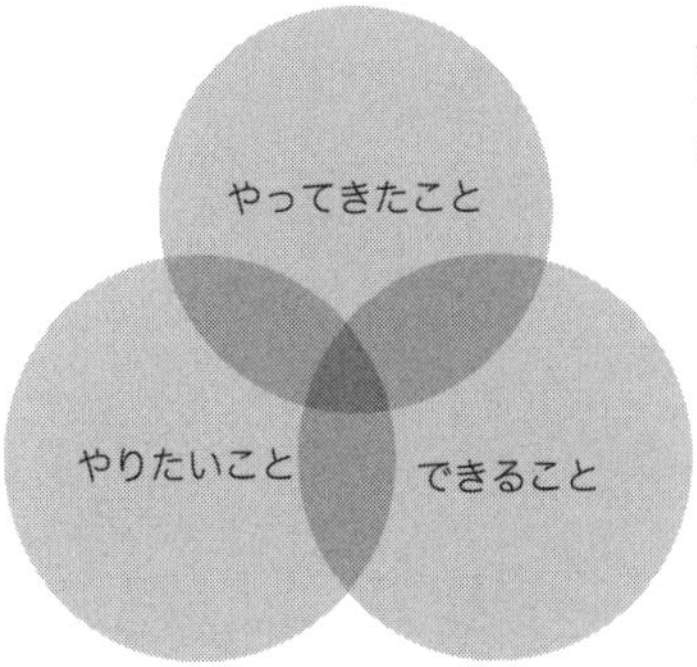

3つの輪

この3つの重なる部分がコアになります。
この共通事項を発見することで、研究テーマや「なぜ、大学に進学するのか」という問いに対するヒントが掴めます。

POINT

自己分析とは、「3つの輪」の共通項を明確にすること

Q 「大学研究」ってどうやるの？

大学研究を行うにあたって、次のような情報収集手段があります。

①ホームページ
②パンフレット
③大学関連書籍
④オープンキャンパス
⑤大学説明会
⑥大学公式イベント

①ホームページは毎日チェックしてもいいくらいです。

②パンフレットは「美味しい情報」の宝庫であり、特徴がわかりやすくまとめられています。

③大学関連書籍は例えば、APUについて書かれた『混ぜる教育』（日経BP）など各大学で出している本を指します。

④オープンキャンパス（OC）はネットや紙媒体の資料では得られない「現場情報」が得られるように意識するといいでしょう（この点については、次の項目で詳しく説明します）。

⑤大学説明会は年に複数回開催されていることがほとんどです。

⑥大学公式イベントは、慶應義塾大学SFCの例でいえば、「未来構想キャンプ」や「ORF」などです。

以上、これらの情報源は、すでにあなたも知っているはずです。
しかし、あなたはこれらを徹底的に調べ尽くしているでしょうか？
口ではいうけれど、実際に行動していない人は多いものです。

熱意は行動に表れます。

よく「どうやって調べればいいのか？」と質問を受けることがありますが、まずはこうした基本的な情報源を徹底的に活用してください。

その上で、次のステップとして、大学での研究に関する以下の情報源も駆使してみるとよいでしょう。

□『ＡＥＲＡ』ムック（研究分野の基礎理解におすすめ）
□『ＣｉＮｉｉ』（サイニーでは、日本国内の論文を検索できます）

こうして丹念に収集した情報は、後々の出願書類作りで間違いなく効いてきます。

POINT

ハード情報は「ネット」、ソフト情報は「足」を使って収集する

Q 大学巡りのポイントを教えて！

大学研究において、私は実際にキャンパスを訪れることを推奨しています。できる限り多くの大学を見学してください。

実際に受験するかどうかに関係なく、10校以上は見学することをおすすめします。

最近は夏休みの課題として、大学巡りを課している高校もあるようです。

これ自体は、高校生が大学見学するきっかけになると思います。

大学を比較検討することで、大学の特長も改めて見えてきます。

OCに参加するのであれば、日程的に都合がつかない人もいるでしょう。

地方在住の受験生であれば、都心の大学に見学に行くのも一苦労です。

その場合、私は無理して都合をつける必要はないとお伝えしています。

といいますのも、OC以外の日程でも、大学のキャンパスには入ることができるからです。

大学は基本的にオープンな環境です。

女子大学の場合、男性がキャンパスに立ち入るには許可証が必要な場合もありますが、それでも基本的にはいつでも見学は可能です。

私は普段のキャンパスの方が、「素」の大学を見ることができていいと思っています。

オープンキャンパスでは、教員も在校生も着飾っています。

本来の姿ではありません。

普段のキャンパスを見学することで、リアルなキャンパスライフを目の当たりにすることができるでしょう。

さて、大学巡りのポイントは、３つあります。

- □ ヒト
- □ モノ
- □ カネ

これらを中心にチェックするといいでしょう。

ヒトとは、教員・学生などです。

パンフレットなどには載っていない教員の研究分野を聞いたり、学生のカラーを体感してください。

モノとは、施設・設備などです。

独自の研究・学習施設や他の大学にはない最新鋭の研究機器があれば、ぜひ自分の目で確かめてみてください。

カネとは、奨学金制度などです。

中には、AO推薦入試利用者、入学者しか応募できない奨学金制度を設けている大学もあります。

事前に知っておくと、金銭面でもおトクになります。

以上のポイントを踏まえて、大学巡りに出かけてみてください。

POINT

受験の有無にかかわらず、10校以上見学し、比較検討する

Q

オープンキャンパスに参加しないと不利？

一般的には、オープンキャンパスに参加しなかったとしても不利にはなりません。

ただし、一部ではOCへの参加が受験資格になっている大学もあります。

例えば、立正大学です。

かつて、こんなことがありました。

志望校がなかなか決まらず、結局、確定したのが高3生の夏という受験生がいました。

その時点で、どこの塾・予備校にも通っていませんでした。

「受験資格として、オープンキャンパスへの参加が必須と書かれているのですが、すでに終わってしまっています。どうしたらいいでしょうか？」

このように、私のところへ相談に来たのが最初でした。

私は慌てて、交渉のサポートを行いました。

ダメ元でも頼んでみるものです。

「何とかお願いしますっ！」と懇願し、特別に説明会を個別に開いてもらうことになりました。

本来であれば、完全にアウトです。

交渉すれば、可能性は1％でも見えてきます。

交渉しなければ、可能性はありません。

熱意を伝えれば、担当者の気持ちを動かせるかもしれません。

その受験生は最終的にその大学に合格することができました。

まさに「九死に一生を得た」という表現がピッタリでした。

できることなら、このような状況は避けたいものです。

彼の場合は、志望校が比較的直前に決まったため、受験を決めたときには、オープンキャンパスが終わっていたわけですが、すでに志望校が決まっているにも関わらず、募集要項をしっかり確認しなかったがために、見逃してしまったというのは、とんだ失態です。


こうしたケースにおいては、OCに参加しなかったことが不利になるどころか、受験すらできなくなってしまう恐れがありますので注意してください。

POINT

一部の大学ではオープンキャンパス参加が受験資格になっている

Q 大学教員と面会できるの？

前述したように、雰囲気を確かめるためなら普段のキャンパスを見学するのも手です。

ＫＯＳＫＯＳでも大学教員へのアポを推奨しています。

事前に大学とのミスマッチを防げるからです。

「希望していた研究ができない」

「大学生活がイメージと違った」

「こんなはずではなかった」と嘆いても後の祭りです。

事前にアポを取って、イメージのすり合わせを行えば、有益な情報が得られるでしょう。

ところで、「あなたは大学教員にこれまでアポを取った経験がありますか？」と質問したら、おそらくほとんどの受験生がＮＯと即答するでしょう。

そもそも、多くの高校生にとって、目上の方にメールを送る機会自体、あまりなかったのではないでしょうか。

貴重な時間を割いていただくわけですから、失礼があってはいけません。

アポを打診する際のポイントは次の3つです。

① 1カ月以上前に打診する
② メールマナーを心得る
③ お礼のメールを忘れない

KOSKOSでは、マナーで損をしないよう、メールの作成からサポートします。

かつて名前も書かずにメールを出した受験生がいました。

当然、相手方から指摘を受け、名を名乗ったわけですが、その時点で印象は最悪です。

大学教員との面会は、オフィシャルではないからといって、決して気を抜いてはいけません。

非公式の面会であっても「0次選抜」と心得るようにKOSKOSでは指導しています。

実際、この事前面会が入試本番に影響を及ぼすことがあります。

また、アポを取る際のメールでは、多くの場合、「大変お世話になっております」という定型文からスタートします。

初対面で「お世話になっている」という表現に違和感がある人もいるでしょう。その場合は、「突然のメールで失礼致します」などとしてもいいのですが、こうした作法は知らないとできません。

こうしたマナー、作法は、大学に入ってからも、そして、社会に出てからも一生使えます。ぜひ、この機会に学んでもらいたいと思います。

POINT
大学教員との面会で気を抜かない。「0次選抜」と心得る

Q わざわざ、塾や予備校に通う必要ってあるの？

昨今、ＡＯ入試対策を専門とする塾・予備校が増えつつあります。

私が主宰するＫＯＳＫＯＳもその一つです。

ある調査では、難関大合格者のうち、９割以上の人が何らかの専門的対策を受けていたことがわかりました。

さらに、都内の一部進学校であれば話は別ですが、特に地方の非進学校ともなれば、ＡＯ推薦入試に関する情報はまだまだ不足しています。

情報は「鮮度」が命です。

最新の情報を手に入れるためには、最新の情報が手に入る場所に自らアクセスしなければなりません。

そのための手段の一つとして、ＡＯ推薦入試対策を専門とする塾・予備校を活用する人がいるわけです。

専門塾・予備校の存在意義について、賛否ありますが、本来、正しい姿勢で塾・予備校に通えば、合格の可能性は上がるはずです。

本質的な問題は、塾・予備校の存在そのものではなく、受験生の丸投げな姿勢です。

「塾・予備校に入れば受かる」

「何とかしてくれるだろう」

当然ながら塾や予備校の力をこのような形で借りても合格はできません。

要は受験生本人の姿勢次第ということです。

もし今、あなたが塾・予備校選びで迷っているならば、以下の3点に着目してみるとよいでしょう。

> ① ＡＯ推薦入試が専門か？
> ② 個別指導か？　集団指導か？
> ③ 誰が指導するのか？

①ＡＯ推薦入試の専門塾・予備校であれば、過去の受験生のデータが豊富に蓄積されているはずです。

志望校によっても得意、不得意があります。

例えば、ＫＯＳＫＯＳでいえば、慶應義塾大学ＳＦＣをはじめとした難関大から、上智大学、国際基督教大学、立命館アジア太平洋大学といった国際派大学、産業能率大学、桜美林大学といった個性派大学まで幅広くサポートが可能です。

一方で、現時点で海外の大学には対応していません。

その専門塾・予備校に対応可能な大学について尋ねてみてください。
②入試までの残り時間によってフィットする指導形態は異なります。
例えば、直前対策であれば個別指導の方が効果的でしょう。

逆に時間のある高校1年生は、集団指導で横のつながりを作るのもアリです。
③講師が「プロ講師」か「学生講師」かによっても変わってきます。
プロ講師なら指導力は高いはずですが、学生講師の場合であっても、在学生ならではのキャンパスライフを生の声として聞けるなどのメリットがあります。

あとは話しやすさやあなたとの相性を考慮して決めましょう。

POINT

そもそも、塾・予備校に通う姿勢ができていなければ意味がない

Q 塾・予備校にかかる費用の相場を教えて！

塾・予備校に通うと、入試までに大体、いくらくらいの費用がかかるのか、気になるところでしょう。

ですが、具体的な話に入る前に一つだけ断っておきます。

塾・予備校は義務教育ではありません。

通わなければ0円、「タダ」で済みます。

実際、塾・予備校に通わずして志望校に合格した例はあります。

ですので、あなたもぜひ、「塾・予備校に通わない」という選択肢を一度は検討してみてください。

例えば、もし、高校の指導の一環として、ＡＯ推薦入試対策が受けられる場合、別途費用がかかることはありません。

「国語の授業で志望理由書、小論文の添削も行ってくれる」

「放課後に担任の先生が個別に模擬面接を行ってくれる」
「進路指導室でOB・OGの受験データを提供してくれる」

こうしたサポートが受けられるのであれば、塾・予備校に通う必要はないかもしれません。

その上で、どうしても塾・予備校の力を借りる必要があるならば、一定の費用がかかることを覚悟しなければいけません。

塾・予備校によって費用は大きく異なりますが、具体的な目安を示すならば、ゼロから総合的に対策する場合、70～90万円程度が相場といわれています。

場合によっては、100～120万円程度かかることもあり得ます。

特に、大手の塾・予備校だと100万円以上かかることはざらにあるようです。

あとは志望校や対策状況によっても異なるでしょう。

「A塾とB予備校を比べて、どちらの方が高い、安い」という話の前に、もともとの金額が決して安いものとはいえないはずです。

塾・予備校に通う人の多くは、保護者がその費用を負担してくれています。

ですが、受験生もその経済的負担を見過ごしてはいけません。

塾・予備校に通うならば、「必ず元を取るぞ！」という強い気持ちを持ってほしいと思います。

POINT

年間70～90万円が相場。大手だと100万円以上かかることも

Q どんな塾、予備校がいいの？

「良い塾・予備校」の定義は、受験生の状況によっても異なります。

受験生、保護者が塾・予備校選びで後悔しないためにも、押さえておくべきポイントを3つお伝えします。

ポイント①「総合塾」VS「専門塾」
ポイント②「集団指導」VS「個人指導」
ポイント③「プロ講師」VS「学生講師」

ポイント①について、「餅は餅屋」といいます。

例えば、「AO推薦入試に絞って対策を行いたい」という人には、総合塾は向きません。

その場合、「一般入試対策がメインで、AO推薦入試対策も対応可能」という塾・予備校よりも、やはり、AO推薦入試対策に特化した専門塾の方がおすすめできます。

なぜなら、ノウハウの蓄積量が断然違うからです。

これまでの経験がありますから、サポート力も確かなはずです。

一方、「一般入試対策にも力を入れたい」という人は、総合塾も検討してみる価値があるでしょう。


ポイント②について、それぞれの指導形態にもメリット・デメリットがあります。

高1・2生であれば、集団指導の中で長期的な横（同期）のつながりを作ることができます。

高3生なら、個人指導によって短期集中でノウハウを効率的に学ぶことができます。

自身が置かれている現状を考えながら、塾・予備校にどのようなサポートを求めているのか、その目的を明確にしましょう。


ポイント③について、何を教えるかよりも、「誰が教えるか」の方がはるかに重要です。

「プロ講師」VS「学生講師」というと、何となく前者の方が聞こえはいいように感じるかもしれませんが、必ずしもそうとは限りません。

学生講師であっても、志望校の現役学生であれば、生のキャンパスライフが聞けるなどのメリットがあります。

受験生と年が比較的近いこともあり、話しやすい場合もあるでしょう。

受験生と講師の相性の問題もありますので、「誰が担当してくれるのか」をしっかり確認してください。

以上、3つのポイントをお伝えしましたが、塾・予備校選びは志望校選びと同じです。

一発目でいきなり決めないことです。

私も無料相談にお越しいただいた方には、KOSKOSをゴリ押しするのではなく、ぜひ、他の塾・予備校を見てから決めてほしいとお伝えしています。

現時点でAO推薦入試の専門塾の数は、そこまで多くはありませんが、それでも3〜4つは見つかるはずです。

複数の塾・予備校を見学し、じっくり比較検討した上で決めてください。

最後は自分の直感を信じましょう。

POINT

できるだけ多く見学して、自分に合ったところを見つけよう

MEMO

Part 1を読んで気づいたこと、学んだことをまとめておきましょう。

Part 2

「出願書類編」

Q

出願書類ってどんなことを書くの？

ここからは出願書類についてお伝えします。

ＡＯ推薦入試では様々な出願書類を作成します。

大学によって提出が求められる書類は異なりますが、一般的な出願書類を列挙しただけでも、次のようなものが挙げられます。

□ 志望理由書
□ 自己推薦書
□ 自由記述
□ 活動報告書
□ 学習計画書
□ 研究計画書

□ 志願者評価書
□ 課題レポート
□ 任意提出資料

それぞれの出願書類には役割があります。

そして、それらはお互いに補完し合う関係性を意識することが大事です。

それぞれの出願書類には必ず明確な意図があるからです。

大学が受験生にムダな出願書類を提出させるでしょうか？

そんなことをしても、受験生にとっても、大学教員にとっても、時間の浪費になるだけです。

そのことを踏まえて、あなたは出願書類の役割を理解し、効率よくアピールしなければなりません。

その際、それぞれの書類で内容が重複してはいけないと思い込んでいる人がいますが、そうではありません。

重複することは自然なことですので、ダブって構いません。

しかし、同時にそれは常に戦略的でなければなりません。

強調したいポイントをあえて重複させるのならいいですが、意図がなく、同じことを繰り返し書いてしまってはくどくなります。

それぞれの書類の役割が明確で、お互いを補い合う関係に仕上げることができれば、審査官に魅力を効果的にアピールできます。

例えば、志望理由書では、入学後の研究について深く触れたならば、自己推薦書では、過去の活動実績について重点を置いてアピールするといった具合です。

なお、本書では、代表的な出願書類である「志望理由書」「自己推薦書」「自由記述」「活動報告書」「志願者評価書」「推薦書」の要点について触れていきます。

POINT

それぞれの書類に役割があり、相互に補完し合う関係がベスト

Q 「志望理由書」と「自己推薦書」って何が違うの？

志望理由書は「自分がその大学に入りたい理由や意志を説明する文書」です。自己推薦書は、「大学に対して自分をアピールする文書」です。前者は「なぜ入りたいのか」を中心に述べるのに対し、後者は「なぜ入れるべきなのか」を述べます。

また、それぞれどこに力点を置いて書くかも異なります。

志望理由書は、「過去＜未来」。
自己推薦書は、「過去＞未来」。

つまり、志望理由書は、これまで取り組んできたことよりも将来のことに多くの文字数を割きます。

自己推薦書は、その逆で将来のことよりも、これまで取り組んできたことに多くの文字数を割きます。

ただし、これはあくまでもバランスの問題であって、制限字数によっては、志望理由書であっても自己PRを、自己推薦書であっても志望理由を、何らかの形で入れ込みます。

さて、「志望理由書の出来で合否が決まる」といわれることがあります。

出願書類の核となるのは、紛れもなく「志望理由書」です。

その理由は大きく3つあります。


第一に、書類審査の中核を担うからです。

多くの大学で志望理由書は一次審査を兼ねていますが、中には一次選考をせずに願書と一緒に志望理由書を出せば、全員面接を受けられるところもあります。

字数は大学によって異なりますが、短いところでは300〜400字程度。

大体、1000字前後がボリュームゾーンといったところでしょうか。

長いところでは2000字以上の分量が求められることもあります。


第二に、この中から面接で質問されるからです。

面接官は志望理由書を読みながら、疑問に思ったことを質問します。

あなたも志望理由書に沿った矛盾のない回答を心がける必要があります。

そのため、志望理由書は出したら終わりではなく、コピーを取っておき、しっかりと想定問答をシミュレーションしておくことが求められるのです。


第三に、あなたの人生の羅針盤になるからです。

KOSKOSでは、志望理由書を「人生の設計図」と定義しています。

志望理由書を練るという作業を学びの過程として捉えることで、志望理由書を作成するプロセス自体にも意味を見出すことができます。

いざ、志望理由書を練りはじめると、迷いや壁にぶつかります。

さらには、志望理由や研究という枠を超えて、あなたの価値観や生き方といったものにまで思いを馳せる場合もあるでしょう。

そのプロセスを「学ぶ機会」として活用することで、あなたの受験は単なる「点」ではなく、未来へと続く、「線」になるのです。

POINT

志望理由書は「未来」に、自己推薦書は「過去」に重点を置く

Q 書く内容が思いつかない……。

「何を書けばいいのか思いつかない」と相談に来る受験生は多いです。
書くネタが見つからないのは、情報の整理ができていないからです。
つまり、「自己分析」と「志望校研究」が足りないのです。

- □ あなたは将来、何を実現したいのか？
- □ そのために、どんな学びが必要なのか？
- □ 大学進学はそのための最適な手段なのか？
- □ その上でどの大学・学部がベストなのか？

……これらの問いに答えられるよう、自己分析、大学研究に取り組んでください。

志望理由書は書き方も大事ですが、その前に「何を書くか」が決まっていなければ書き出すことはできません。

志望理由書を書き出すにあたって、まずは材料を揃える必要があります。

つまり、志望理由書に盛り込むべき情報を整理するのです。

整理すべき情報には大きく2つあります。

① 自分に関する情報
② 大学に関する情報

前者は、俗に「自己分析」といいます。

後者は、「大学研究」といいます。

これらの作業ではいずれも、五感をフルに働かせなければいけません。

その点は、机の上だけで完結する一般入試の勉強とは大きく違うといえます。

自己分析であれば、周囲の人からあなたのことについて聞くという方法もあります。

周囲の評価と自己の評価は必ずしも一致しないものです。

また、外に出て経験を積むことで、はじめて「自分とはこういう人間だったのか」と気づくこともあるでしょう。

いずれにせよ、時間がないからという理由で、「自己分析」「大学研究」を怠ってはいけません。

逆転合格者は事前に教員にアポイントメントを取って、研究について相談するなど、一次情報、すなわち、「直接自分が人から見聞きして得た情報」に徹底的にこだわっています。

他の受験生が「そこまでやるのか」と思うくらい、あの手この手を使って情報をゲットしましょう。

志望理由書は足を使った情報がどれだけ詰まっているかで質が決まります。

足を使って現場に赴き、自分の目で確かめましょう。

POINT

「自己分析」と「大学研究」をもう一度、丹念にやり直そう

Q 志望理由書には伝わる書き方があります。

名付けて、「KOSKOS式4部構成」です。

第1部：「志の宣言」（5〜10％）
第2部：「一貫性の提示」（30〜40％）
第3部：「志望動機」（40〜50％）
第4部：「〆のひと押し」（5〜10％）

志望理由書は全体の流れが大事です。

まずは右記の流れを忠実に守って、志望理由書を書いてみましょう。

また、その際は各パートの配分にも気をつけてください。

前述したカッコ内の数字は、全体に占める文章量の割合を示しているのですが、このバランスが崩れていると内容が偏ってしまう恐れがあります。

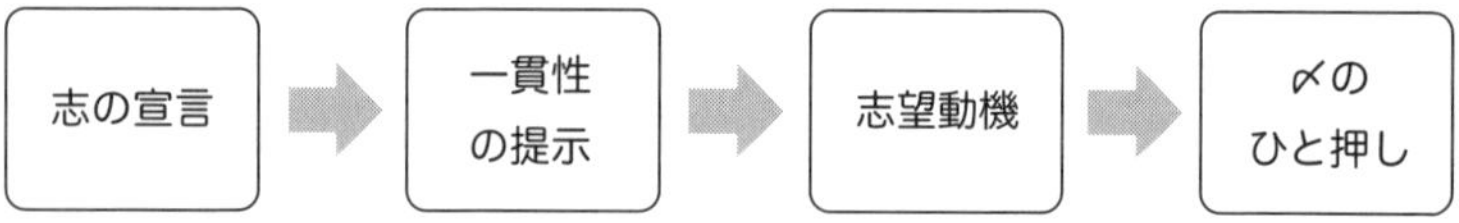

各パートの細かい部分ばかりが気になってしまい、全体像を見失っている人は多いです。

深く書こうとすると、どうしても分量が多くなってしまいます。

逆に、広く浅く書いても印象に残らない志望理由書になってしまいます。

両者ともにこれでは合格はできません。

必要な内容をわかりやすくまとめる必要があります。

そのために基本となる書き方がこの「4部構成」なのです。

各パートの内容を簡単に見ていきましょう。

第1部は「志の宣言」です。

ここでは最も伝えたい結論を書きます。

第2部は「一貫性の提示」です。

ここでは志の裏付けをストーリーで書きます。

第3部は「志望動機」です。

ここでは志望校で研究したい理由を書きます。

第4部は「〆のひと押し」です。

ここでは面接に進むための最後のプッシュをします。

あなたも志望校を突破したいなら、合格者が守っているこの暗黙のルールを学んでおく必要があります。

POINT

書き方の基本となる「KOSKOS式4部構成」をマスターしよう

Q 冒頭3行をどう書き出せばいいの？

文章全体を引き締めるためには、最初と最後の3行をうまく書きましょう。

KOSKOSの塾生も書き出しには最も時間をかけて推敲しています。


「志望理由書は冒頭3行が勝負だ」


私はよくこのようにKOSKOSの塾生に話します。

入試担当者はとにかく時間がありません。

冒頭3行を読んでみて、見込みがないと判断すれば、即「不合格ボックス」行きです。

その志望理由書は二度と読み返されることはないでしょう。

逆にいえば、冒頭3行で興味関心を持ってもらえれば、続きの文章を読んでもらえます。

では、その3行で何を書けばいいのでしょうか？

それはあなたの「志」です。

志と似た言葉に「夢」があります。

あなたはその違いについてどのように考えていますか？

同じ意味合いで使っていたという人もいるでしょう。

両者の違いは「利己的」か「利他的」かにあります。

つまり、前者は「自分」のため、後者は「他者」のためです。

当然、志望理由書で書くべきは後者です。

そもそも、研究とは何のためにするのでしょうか？

それは人類の進歩のためです。

世のため人のために、この研究が社会でどう役に立つのか、志望理由書では、こうした研究の社会的意義をアピールしてください。

あなたの研究がどれだけ価値のあるものなのか訴えるのです。

社会的意義をどのように示せばよいのか、わからない人もいるでしょう。

いくつか例を示しましょう。


「１００万人を飢餓から救うことができる」

「誰でも気軽にスポーツを楽しむことができる」

「世界中どこにいても学ぶことができる」


これらはすべて社会的意義のある研究といえます。

研究を通じて、社会はどう変わるのか？

人々はどう幸せになるのか？

審査官がその光景をありありとイメージできるように具体的に書くことがポイントです。

社会的意義は大きければ大きいほどいいです。

いかに社会的意義のある研究であることを訴えられるかが、あなたの腕の見せどころです。

こうして冒頭3行でガツンとかましてください。

POINT

冒頭3行で志を掲げ、読み手にインパクトを残そう

Q 志望理由書を書く際に気をつけるべきポイントは？

志望理由書を書く際に気をつけるべきポイントは、「ストーリー」を意識するということです。

ここでいうストーリーとは、志望理由書を展開する筋道のことです。

読ませる文章には必ずストーリーがあります。

ストーリーがあるから読み手は感情移入できるのです。

ストーリーの良し悪しで志望理由書は決まるといっても過言ではありません。

- □ 過去
- □ 現在
- □ 未来

志望理由書はこの3つの時系列に沿って、展開されるのが一般的です。

それぞれを整理したら、ストーリーとしてつなげる必要があります。

各パートでブツ切りにならないように気をつけなければいけません。

KOSKOSでは、特にストーリーのつながりを意識するように指導しています。

志望理由書でハネられる受験生の多くは、このつながりが不自然だからです。

次の文章をご覧ください。

過去「これまで私は野球を続けてきました」
現在「現在は日本野球界の発展のための研究に関心があります」
未来「将来は野菜ソムリエになりたいと思っています」

過去、現在はつながっていますが、未来は唐突です。

これは極端な例ですが、このようにストーリーに一貫性、必然性が見えない受験生は多いのです。

一貫したストーリーを作る作業はそう単純ではありません。

なぜなら、いくつもの切り口があるからです。

切り口は一人ひとり違います。

「模範解答」があるわけではありません。

どのような切り口でストーリーを展開するのか、そこが受験生の個性が伝わる点なのです。十分に時間をかけて魅力的なストーリーを作ってください。

さらに、面接では志望理由書から質問されると先述しました。

ですから、志望理由書は面接を見据えて戦略的に書くべきです。

つまり、面接官の行動パターンを逆手にとって、あえて相手が質問したくなるような穴を作っておくのです。

これは面接官が思わず、あなたに直接会って質問したくなるような「しかけ」です。

KOSKOSではこのしかけを「フック」と呼んでいます。

上級者のワザになりますが、いくつかフックをしかけることで、一気に戦略的な志望理由書へと変貌します。

続きが気になって読みたくなるようなフックを用意できるかどうかで差がつくのです。

POINT

戦略的な志望理由書には、随所に「フック」が仕掛けられている

Q 他の受験生はどんな志望理由を書いているの？

「志望理由書」というだけあって、大学を志望する理由が書類の中心部分となります。難関大のAO推薦入試には「何がなんでもこの大学に行くんだ！」という並々ならぬ熱意を燃やした猛者が全国から集まります。

「A大学よりもB大学」といった「比較級」を用いた書き方をしていては審査官のハートを射止めることはできません。

運よく通過できたとしても、面接で間違いなく、「他の大学でもよいのでは？」と突っ込まれて玉砕するのがオチです。

見せ方のコツとして、志望理由は比較級ではなく、「最上級」で書きましょう。

審査官に「この受験生はウチでないとダメなんだな」と思ってもらわなければ、書類審査は突破できません。

当たり前ですが、次のような研究とは直接的に関係のない理由は論外です。

「自宅から近いから」
「キャンパスがお洒落だから」
「学食が美味しいから」

たしかに、自宅からの距離やキャンパスのオシャレさは、4年間通うのだから少なからず気になるところではあります。

学食も美味しいに越したことはないでしょう。

しかし、これらの理由はこの場では相応しくありません。

極端な例に聞こえるかもしれませんが、これに近い志望理由を書いている人はよく見かけます。

あなたの志望理由書には、「その大学でなければならない理由」があるでしょうか？

そう簡単に見つかるものではないこともわかります。

それでも、合格者は共通して「その大学ならではの理由」を書いています。

ちなみに、KOSKOSの塾生OB・OGが書いた志望理由のベスト8は次の通りとなっています。

1：大学教員（指導希望教員など）
2：研究活動（研究テーマ内容の独自性・優位性）
3：同窓会員（OB・OGのネットワーク）
4：教育理念（アドミッション・ポリシー）
5：地域属性（地域貢献）
6：資格実績（士業などの輩出実績）
7：施設設備（研究・学習上の環境整備）
8：留学制度（独自の提携先など）

あなたがその大学に行く必然性、それを丹念に整理してみてください。

POINT

比較級ではなく、「志望校でなければならない理由」を書こう

Q 入学後に研究内容が変わっても大丈夫?

「大学で特定の研究を行いたいといって入学を許可されたのに、それが変わってしまったら、約束を破ることになってしまうのでは?」と心配する受験生がいます。

研究内容が変わることは自然です。

むしろ、入学してから4年間、研究内容が変わらないことの方がおかしなことといえるでしょう。

私の知る限り、入学後、9割以上の人が、研究内容に何らかの修正を加えています。

入学後に研究内容が変わったからといって、大学からペナルティーを課されることはありません。

研究を続ける中で、様々な方向性が見えてきます。

その際、柔軟に方向転換できることは大事なことです。

核がブレなければ、研究内容はいくらでも変わって構いません。

あくまでも出願時の志望理由書は、「暫定版」という位置付けでいいのです。

ＫＯＳＫＯＳでは、志望理由書を「人生の設計図」と考えているとお伝えしました。

志望理由書を清書しようとすれば、ただ文字を書くだけなら２０００字程度の文字数であっても２～３時間もあれば清書できます。

ですが、ただ書いただけでは意味がありません。

実際、私が指導した受験生の中には、合格後に志望理由書を書き直して、わざわざ私に見せにくる人もいます。

それがなぜだか、わかるでしょうか？

決して、私に褒められたいからではありません。

誰かのためではなく、自分のために志望理由書を書き直しているのです。

そのような人にとって志望理由書はもはや、単なる「出願のための書類」ではありません。

入学後の道しるべ、すなわち、キャリアの羅針盤になっているのです。

このレベルに達している人は、納得のいく受験がきっとできるはずです。

羅針盤は適宜修正して、進むべき方向を変えて構いません。

迷った時はいつでもその羅針盤に立ち返って、道を修正していけばよいのです。

あなたが志望校に合格する頃には、志望理由書がかけがえのない相棒になっているはずです。

まずは現時点での考えをまとめてみてください。

現時点でコロコロと考えが変わってしまうのは、自己分析が十分でないからです。もう一度しっかりと時間を取って、自己分析を行いましょう。

POINT

研究内容が変わるのは自然なこと。柔軟に方向転換しよう

Q 大学卒業後の進路って書いていいの？

志望理由書の中で大学卒業後の進路について触れても構いません。
文字数が長めの志望理由書であれば、それも十分に可能でしょう。
その場合、次の3点に留意してください。

① 必ずしも既存の職業でなくてもよい
② 具体的な企業名を出すのはNG
③ 起業、大学院進学と安易に書かない

①について、無理に「医者」や「銀行員」など、具体的な職業を書く必要はありません。
「どのように社会で活躍したいか」といった思いを綴る形でも構いません。
また、これまでにない新たな職業を自分で作って書いてみてもいいでしょう。

②について、「株式会社○○に入社したい」といった特定の企業名を挙げるのはあまり好ましくありません。
入社したいなら、大学進学ではなく、すぐにでも入社選考に応募した方がよいと思われるからです。

大学は「就職予備校」ではないと肝に命じておきましょう。

③について、決意のない文章は軽くみられます。
何となく「起業したい」と書けば評価されるだろうと思っている人がいますが、これは実に安易な考えといえます。

起業と書くからには、少なくとも「目的意識」と「計画」くらいは明確にしておく必要があります。


また、大学院進学についても同様です。

昨今、大学卒業後は大学院に進学したいという人も以前と比べて増えてきたように思いますが、間違っても大学院は、就職したくない人の溜まり場ではありません。

卒業後、大学院に進学する道を選ぶ人は珍しくない今の時代だからこそ、ただの大学院進学と書くのでは、相手に響きません。

大学院でどのような研究成果を残したいのかまでしっかりと記してください。
加えて、他大学の大学院に進学を希望する際は注意が必要です。
国内外問わず、外部へ出ることはあまり歓迎されないと思っていた方がよいでしょう。

POINT
具体的な会社名はNG。必ずしも希望の職業を書く必要はない

Q 最後の3行はどう締めればいいの？

「9割書けばいいと学校で教わったので……」といって、残り数行を残して書き終えようとする受験生がいます。

これは何とももったいないことです。

こういった小さなところで熱意の差が現れるものです。

とはいえ、「よろしくお願いします」などの挨拶文を入れて、字数を埋めても意味がありません。

「頑張ります！」といった直接的に意気込みを表現することも効果的とはいえません。

また、志望理由書は「謝辞」を書くものではありません。

「研究の相談に乗ってくださった○○教授に感謝します」

「最後まで読んでくださり、ありがとうございました」

このように挨拶文を入れたところで、入試担当者は「丁寧な受験生だな」とは思ってくれないのです。

こうした定型文は徹底的に省きましょう。

そうしないと、本当に伝えたいことが書けなくなってしまいます。

面接審査に進める受験生はここで審査官に「会ってみたい！」と思わせるような最後のワンプッシュを行います。

では、具体的にどのようなことを書いているのでしょうか？

例えば、「研究についてさらに詳細なプランをお伝えするので、面接の機会を与えてほしい」などと熱意を伝える人もいます。

「〆のひと押し」は、面接に進めるかどうかのボーダーライン上にいるとき、入試担当者に「会ってみようかな」と思わせるラストチャンスです。

そこで、あなたが入試担当者になったつもりで考えてみてください。

指定用紙があと何行も残っているようなスカスカの志望理由書があったら、どんな気持ちになるでしょうか？

きっと熱意のかけらも感じないはずです。

実際、私は指定用紙の半分くらいしか書かれていない志望理由書が送られてきて、しっかり読むことなく「最低評価」をつけたことがあります。

学校の先生の中には、「最低8割は埋めましょう」と教える人がいるようだが、それは間違いです。

最後の1行まで埋まっていない志望理由書は入試担当者に対して失礼です。

与えられた中で最大限のアピールをしましょう。

ただし、最終行までは書いても、「最後の1マス」は詰めて書いてはいけません。

なぜなら、それが1文字としてカウントされ、字数制限オーバーと判断されてしまう可能性があるからです。

POINT
最後の1行まで考え抜かれた、熱意を込めた文章で埋め尽くそう

Q 自由記述って何を書けばいいの？

自由記述とは、白紙の長方形の紙2枚の中であなたがアピールしたいことをあらゆる表現方法を駆使して伝える書類です。

私はこれまで指導してきた受験生の自由記述を分析しました。

その結果、合格のパターンは次の3類型に分けることができます。

①「過去重視型」
②「未来重視型」
③「ミックス型」

合格する人の大多数は、この中のいずれかの型に則って自由記述を作成しています。

①では、これまでの人生におけるストーリーをアピールしたものとなります。

経験豊富な人に多く見受けられます。

②では、大学での具体的な研究計画や現在の問題意識と入学後の学びとのつながりをアピールしたものとなります。

過去の実績にはあまり自信がないけれど、「大学で何をしたいのか」については明確であるという人はこの型で勝負することが多いです。

③では、①と②の両方をバランスよく合わせて、過去、現在、未来のストーリーに沿ってアピールしたものとなります。

ちなみに、ＫＯＳＫＯＳでは、②のタイプが最も多いです。

ここまで、自由記述の作成にあたって、その類型をお伝えしました。

ですが、最も大事なことは「どう書くか」ではありません。

「何を書くか」の方が重要です。

これは自由記述を作成する上で、常に意識しておかなければいけないことといえます。

合格する人の自由記述は、何を伝えるのか、その目的が明確です。

伝えたいことは1つだけに絞りましょう。

いくつも伝えようとしてはダメです。

伝えたいことが多ければ多いほど、相手は理解できなくなります。

結果として、何一つとして伝わらなくなってしまうのです。

たった一つの伝えたいこととして、「コンセプト」を決める必要があります。

コンセプトとは、直訳すると、「概念、観念」となりますが、ここでの意味として、「一貫したテーマ」と訳すのが適切でしょう。

「自由記述で『人を巻き込むリーダーシップ』を伝えたい」といった明確なアピール意図が、コンセプトです。

その場合、多くの仲間と数々のプロジェクトを遂行してきた経験などについて、写真などを効果的に使用しながら伝えるのも一つです。

コンセプト決めこそ、自由記述の一番の難所といえるかもしれません。

「エイヤ！」で決めてしまうと、後々作り直すハメになります。

大幅な時間のロスを避けるためにも、ここは十分に時間をかけて構いません。

POINT

自由記述の内容は、「過去」「現在」「未来」のバランスを考える

Q 自由記述ってどう書けばいいの？

自由記述においては、前述したコンセプトに加え、もう一つ大事な要素があります。

それは「デザイン」です。

自由記述では、文字以外の表現方法を積極的に駆使するべきです。

「これでもか！」というくらい情報を詰め込んでいる自由記述を見かけますが、文字もアリのように小さく、虫めがねで見なければ読めないのではないかというあり様です。

自由記述も志望理由書同様、相手の立場になって作ることが大事です。

詰め込み過ぎは読みにくいですし、逆に言葉足らずでは審査官に伝わりません。

受験生の中には余白に対して「余っているもの」と誤解している人がいますが、伝わる自由記述を作成するために「余白」は極めて重要な役割を果たします。

シンプルに整理されている自由記述には必ず「余白」があります。

余白を活かすことで、「情報が引き立つ」「情報が整理される」「レイアウトが洗練される」などの利点が生まれます。

心理的な効果をいえば、上手に隙間を活用することで読み手の視線を誘導したり、相手に考える時間を与えたりすることができます。

また、余白はそうでない部分に対して集中力を上げたり、注意喚起することにもつながります。

その他にも、自由記述のデザインを向上させる上で、「色使い」が極めて重要となります。

具体的には「3色ルール」を守ってください。

合格者の自由記述は必ずといってよいほど「3色以内」におさえられています。

それよりも多くの色が使用されている場合は、得てして読みにくいです。

できれば2色におさえたいです。

また、一般的に何かの説明等の文章は「黒」が基本です。

例えば、赤字で何百字もの文章が書かれていたら、読みにくいでしょう。

もし、赤を使いたいのであれば、強調したいポイントで使うべきです。

重要な部分は赤字にしたり、アンダーラインを引けば、読み手の注意を引くことができます。

自由記述に写真を載せる人は多いですが、その際、具体的には次の3点に気をつけてください。

①何を見せたいか、一目でわかること
②高画質な写真を使用すること
③他者の写真を無断使用しないこと

最善の作品を提出する方法、それは迷っているパターンをすべて作成してみて、納得がいくまで一つひとつ見比べてみることです。

KOSKOSの塾生を例に挙げれば、少なくとも「3パターン」は試作しています。

迷っているパターンを試作して比較検討してみると、どちらの方がより優れているか、一目瞭然でわかります。

微妙な色使いなども、見比べてみれば、どちらの方がしっくりくるか、容易にわかるものなのです。

狭い視点で見ていてはわからなかった部分も、全体像を俯瞰してみると、総合的にどちらが映えるかわかるようになります。

POINT

自由記述は「コンセプト」と「デザイン」を押さえよう

Q 自由記述のアイデアが思い浮かばない……。

自由記述では、必ずしも「自分の頭の中だけ」で0から1を生み出す必要はありません。アメリカ広告業界の重鎮であるジェームス・ウェブ・ヤングは、著書『アイデアのつくり方』の中で、「アイデアとは、既存の要素の新しい組み合わせである」という名言を残しました。

自由記述は「人マネ」でいいのです。

ただし、正しくマネる必要があります。

自由記述の対策をしていると、受験生から「合格者の自由記述を参照したい」と相談されることがあります。

それが有効かどうかは、人によって異なると私は考えています。

私が塾生にアドバイスする際は、常に一人ひとりの性格や特徴を考えながら何をいうかを決めています。

ＫＯＳＫＯＳには、合格した塾生が作成した自由記述のサンプルが蓄積されています。

厳重に管理されており、持ち出しは「不可」となっていますが、教室内であれば自由に閲覧できるようになっています（受験生にとっては喉から手が出るほどほしい「お宝情報」でしょう。それが目当てで入塾を検討する人もいるくらいです）。

ですが、中には、合格者の自由記述を見ることで、その内容に引っ張られてしまう人もいます。

そのような人は決まって他人の意見に流されやすい性格です。

先に他の人が試してうまくいけば、自分も無条件にそれに飛びつこうとします。

「事例大好き人間」の思考は安易です。

「こう書けば受かる」といった「答え」を心のどこかでほしがっているのです。

ラクをしたいと思うこと自体は悪くないですが、深く考えることなくよい自由記述は作れません。

つまり、思考が停止してしまい、「合格者のものをマネておけば、まず間違いはないだろう」と、自分でものを考えなくなってしまうタイプです。

一方で、人によっては参照した方がよい場合もあります。

合格者の「考え方」をマネることができる人です。

合格者の発想に触れることで、自分の中の常識を打ち破り、自由度を上げることのできる人です。

「合格者の自由記述を見せてください」という前に、自分がどちらのタイプか、一度考えてみてください。

合格者の自由記述より、もっと参考にした方がいいのが「街の広告」です。

合格者の自由記述を見れば、「合格するための最低レベル」がどれくらいかはわかりますが、最高レベルの作品を追求することが目的なら、プロの作品に触れるべきです。

受験生はあくまでもアマチュアであり、「プロ」ではありません。

プロの作品は圧倒的に優れている上、合格者の自由記述よりも身近にあります。

「アイデアの宝庫」である街の広告からヒントを得ましょう。

通学途中の窓から眺めるだけでも構いません。

友達と渋谷や原宿といった都心の流行が集まる街にショッピングに行った際に、写メを撮って帰ってくるのもいいでしょう。

アンテナを張り巡らせて歩いていれば、必ずビビッとくるものがあるはずです。

その広告の何に惹かれたのか、自分の目でよく観察してみましょう。

多くの作品に触れれば触れるほど、あなたの感性、モノを見る目が養われます。

これぞまさに「生きた学び」といえます。

POINT

自由記述は人マネでいい。街の広告からヒントを得よう

Q 活動報告書で書くことがない……。

大学が活動報告書を提出させる理由は実際の「行動力」を見たいからです。

活動実績はその大小に関わらず、できる限り書いた方がいいです。

「活動実績がない」と嘆く人がいますが、もし、提出できるものがないなら今から作ればよいのです。

具体的に、KOSKOSの塾生は、そのような考え方で、次のような資料を提出しています。

- □活動実績・自己アピール資料（約5割）
- □論文レポート・研究計画書（約1割）
- □その他の資料（約4割）

中でも、レポート系の資料は受験生にとって比較的作りやすいのではないでしょうか。

例えば、「読書レポート」も立派な活動実績になります。

読んだ本をレポートとして今からまとめてみましょう。

分量は2000〜5000字程度が目安です。

内容は「要約」に加え、自分なりの考えや感想などです。

レポートを書いた経験がほとんどないという人は、書店へ行って書き方に関する解説本を探してみましょう。

その中で、気に入ったものを読んでみると要領が掴めるはずです。

読書レポートも4〜5冊、添付すれば、かなりの分量になります。

なお、「過去」の活動実績を取捨選択する際、次の3つの基準を覚えておきましょう。

① 外より「内」
② 点より「線」
③ 遠より「近」

①外より「内」とは、学「外」活動よりも、高校が公式に認めている学「内」活動の方が、一般論として高く評価されるということです。

具体的には、アルバイトやバンド活動よりも、部活動や生徒会の方が、評価される傾向にあるということです。

ただし、自主性を重んじる大学では、レールに乗った学内活動よりも、自主的に始めた学外活動の方をより評価する可能性もありますので注意が必要です。

②点より「線」とは、単発の活動よりも、継続して行ってきた活動の方が好ましいということです。

「駆け込みボランティア」などは言語道断です。

③遠より「近」とは、遠い昔の活動よりも現在に近い活動の方が、信頼性が高いということです。

例えば、2年以上前に取得した資格や検定は能力の証明にならないと判断されるケースがあります。

以上、3つの基準を意識して活動実績を厳選してみてください。

POINT

活動実績は「外より内」「点より線」「遠より近」で取捨選択する

Q 「志願者評価書」と「推薦書」って何が違うの？

志願者評価書とは、志願者（受験生）のことをよく知る立場の人が、志願者を客観的に評価する書類です。

推薦書とは別モノです。

受験生本人ではなく、「第三者」が書くという点は共通していますが、決定的な違いがあります。

それは前者が「評価する」のに対して、後者は「推薦する」点です。

つまり、志願者評価書の場合、長所・短所を嘘偽りなく、書かれていることが大事なのです。

もちろん、表現の仕方はありますが、「オール優」のパーフェクトな人間だと訴える必要はありません。

否、むしろ、そのように書いてしまうと、逆に説得力がなくなってしまうので注意が必要です。

志願者評価書の作成は、具体的にＡＯ推薦入試の準備を始めたら、可能な限り早く依頼すべきです。

自力で書く書類ならあなた自身の裁量でどうすることもできます。

最悪、間に合わなかったとしても「自己責任」となりますが、他者にお願いするとなると、そうはいきません。

また、志願者評価書の依頼者を選定する際、依頼者の肩書きや社会的な知名度を重視するのではなく、「あなたのことをどれだけ知っているか」という基準で選んでください。

例えば、一度だけ会ったことのある人よりも、何年間にもわたって密接に関わってきた人物の方が好ましいです。

実際、ＫＯＳＫＯＳの塾生の多くは次のような方々に志願者評価書を依頼しています。

- □ 高校の担任教員
- □ 部活動の監督・顧問
- □ 学外団体の代表
- □ 習い事の講師
- □ 留学先の教員

このように、身近な人物に書いてもらっています。

それでいて、馴染み深い人物です。

一方で、推薦書の場合、権威づけの意味合いもあります。

そうなると、いかに社会的に信頼されている人物からお墨付きをもらえるかということがポイントとなってきます。

例えば、研究分野の第一人者などです。

求められている出願書類が、志願者評価書なのか、推薦書なのかによって、依頼すべき人物が変わってきます。

そのことを踏まえてお願いしてください。

POINT
「評価する」か「推薦する」かによって依頼すべき人も変わる

Q WEB出願の注意点は？

現在、郵送よりも「WEB出願」を採用する大学が増えています。

出願書類を締め切りギリギリに仕上げようとする人がいますが、まさに愚の骨頂です。

大学によっては、親切に「WEB入力は計画的に進め、WEB入力の締切時刻に1日以上の余裕をもって入力を完了させるように進めてください」などと募集要項に注意書きしているところもあります。

実際、締め切り1日前では心配なので、遅くとも「出願1週間前」には完成させる計画を立てましょう。

当然の話ではありますが、募集要項に「結果的に、締切時刻までにWEB入力を完了できなかった場合、理由の如何によらず一切出願を受付けできません」と記載している大学もあります。

出願直前で気をつけてほしい点として、大幅な修正はしないことです。

その場合、改悪される可能性の方が圧倒的に高いからです。

悩みすぎてしまい、出願できなければ、今までの苦労は水の泡です。

今までのあなたが考え抜いて作成した書類を信じましょう。

出願書類が完成したら、最後にもう一度、不備がないかチェックをしましょう。

その際、KOSKOSでは、プリントアウトしてチェックすることを推奨しています。

WEB出願ではPCの画面上で入力するため、書類の全体像を俯瞰することができないからです。

つまり、マウスをスクロールしなければ、長い志望理由書などは読み進めることができないということです。

これでは、「誤字脱字」を見落としがちです。

紙媒体でチェックすれば、全体を見通すことができるようになります。

それにより、PCの画面上では見つけられなかったミスも発見できるのです。

少なくとも、最終チェックだけは絶対にプリントアウトして、自分の目でしっかりと確認するべきです。

自宅にプリンターがない場合、コンビニでプリントアウトすればいいのです。

高校や塾・予備校の先生に事情を説明して、お願いすることだってできるでしょう。

方法はいくらでもあるはずです。

間違っても、ここで10円、20円をケチらないこと。

プリントアウトすることで、凡ミスを減らせるなら、安い投資です。

これは実際にあった話ですが、ＷＥＢのメンテナンス期間にぶつかることもあります。

「あえて出願期間中にメンテナンスを行わなくても……」という声も聞かれますが、こればかりは大学に愚痴をいっても仕方ありません。

そのタイミングで出願を考えていた人は要注意です。

POINT

出願1週間前を目処に準備する。最終確認はプリントアウト

MEMO

Part 2を読んで気づいたこと、学んだことをまとめておきましょう。

Part 3

「筆記試験・小論作文編」

Q

筆記試験はどれくらい取れれば受かるの？

ここからは筆記試験・小論作文についてお伝えします。

今後、ＡＯ推薦入試においても筆記試験・小論作文（以下、小論文）を課す大学は増えることが予想されます。

その際、中には、「どうせ受験するなら満点狙い」という高い目標を掲げる受験生がいますが、目的を忘れてはいけません。

あなたの目的は筆記試験で満点を取ることですか？

それとも、最終合格を勝ち取ることですか？

筆記試験突破は通過点であるなら、満点ではなく、「合格点」を確実に取れるように目標を立てましょう。

大事なことなので、もう一度繰り返しますが、あなたが狙うべきは、満点よりも「合格点」です。

ここでの完璧主義は邪魔でしかありません。

満点を取る必要はないわけです。

合格点を取るには、何はともあれ基本を身につけることが第一です。

応用問題を意識するあまり、基本問題が疎かになってしまう人がいます。


「基本に始まり、基本に終わる」


筆記試験を通過する人は、基本に終始しています。

筆記試験を通過できない人は、例外なく、基本ができていません。

筆記試験は「基本問題100％」で構成されています。

日本の最高学府、東大の試験問題であっても、高校の教科書の範囲からしか出題されません。

もし仮に、本当に応用問題や奇問なるものが出題されたとしましょう。

それは満点を取らせないための試験作問者の「エゴ」です。

それらもせいぜい、1割にも満たないでしょう。

いずれにせよ、そのような難問奇問で合否は決まりません。

万が一、このような問題に遭遇したら、どう対応すればいいでしょうか？

答えは簡単、「捨て問」にすればいいのです。

例えば、次のような問題は本番で捨て問にした方が合理的といえるでしょう。

□ 試験中、解くのに時間がかかる問題
□ 解説を見ても理解するのが難しい問題

これらに時間を取られていることの方が、入試全体から見て損失になるからです。

捨てても筆記試験は突破できます。

否、捨てるからこそ、合理的に筆記試験を突破できるのです。

この考え方は非常に重要です。

「合格者は完璧な人」などというのは、妄想も甚だしいということを覚えておいてください。

POINT

足切り傾向にある筆記試験は、満点よりも「合格点」を目指そう

Q 筆記試験の点数が高いと面接で有利になるの？

そもそも、なぜ、大学は筆記試験を実施するのでしょうか？

その目的は「足切り」です。

本来であれば、大学はできる限り多くの受験生と面接をしたいと考えています。

ですが、受験者数が多ければ、全員と面接することは物理的に不可能です。

そこで、やむなく面接する人数を絞るために、筆記試験、小論文試験を設けて「足切り」するのです。

「受けるからには満点通過！」と意気込むのはいいですが、面接に進めば、筆記試験の点数がそのままスライドして有利に働くとは限りません。

もちろん、筆記試験の点数を参考、合算して合否を出す大学もあります。

ですが、筆記試験を突破したら、横一線のリスタートになることが多いです。

これを「スライド方式」と呼びます。

これまで、数多くの大学教授にインタビューしてきましたが、そのほとんどは「面接では横一線のスタートで評価する」とおっしゃっていました。

それこそ、大勢いる受験生の中でたった一人だけ「満点」を取るなど、ダントツに高得点を取れば話は別です。

それだけ群を抜いていれば、面接官も「筆記試験の成績がトップだね」と声をかけてくれるでしょう。

面接ではきっとその話題で盛り上がること間違いなしです。

ですが、それは極端な話です。

面接はまた新たな選抜、つまり、リスタートすると考えた方がいいでしょう。

筆記試験で高得点を稼いだと自信のある人でも油断は禁物です。

逆に、「筆記試験でミスしてしまった……」と反省している人でも、面接で挽回は十分に可能です。

筆記試験で高得点を取ったからといって、慢心していたら面接で逆転負けを喫します。

そうならないためにも、「筆記試験は過去のもの」として、頭を切り替えて面接準備に臨みましょう。

POINT

筆記試験を突破したら、横一線のリスタートになることが多い

Q 筆記試験は何をどう勉強すればいいの？

時間は有限です。

では、限られた時間の中で、筆記試験対策については何を集中的に行えばいいのでしょうか。

勉強法は世の中にたくさん出回っていますが、最終的には、自分に合った勉強法が「良い勉強法」です。

それを踏まえた上で、私は「武田塾」の勉強法をおすすめします。

武田塾は参考者だけで逆転合格を実現するための専門予備校です。

ちなみに、ＫＯＳＫＯＳともサテライト校コースでコラボしています。

定評のある参考書についても「武田塾チャンネル」（https://bit.ly/39JSHrv）で紹介しているので、ぜひご覧になってみてください。

ちなみに、ＫＯＳＫＯＳでも筆記試験を通過するために、あなたが取り組むべきたった１つの合理的手段をお伝えしています。

それは「過去問演習」です。

これは前出の武田塾でも強調されていることですが、「1冊を完璧に」というスタンスが大事です。

「過去問が終わったのですが、その後はどうしたらいいですか?」と尋ねてくる人がいますが、他の問題集などにあれもこれもと手を出しては絶対にいけません。

そのような人に限って、よくよく話を聞いてみると、過去問を1〜2年分解いた程度で、正答率も半分を切っていたりします。

まさに筆記試験を通過できない人の典型です。

本番までに過去問を最低でも5年分は解きましょう。

そうすれば、筆記試験の傾向が掴めます。

もし、時間に余裕があって、10年分解くことができれば、万全といえるでしょう。

その後、どうしてもというなら、「予想問題」「類似問題」を解いてもいいです。

もっとも、過去問だけしっかりこなせば、確実に筆記試験の合格最低点は突破できるので心配無用です。

過去問演習においては、もちろん、復習も欠かせません。

人は忘れる生き物ですから、何度も、何度も、頭に刷り込むことで記憶に定着させるのです。

具体的には、同じ問題を3回繰り返してください。

ちなみに、復習に効果的なタイミングは、「当日→1週間後→1ヶ月後」です。

まずは、過去問を解いた当日に、正解した問題も含め、解答をしっかり読み、きちんと理解しているか、再度自力で解き直してみましょう。

今日やったことは「今日」完璧にする意識を持って取り組むのです。

次に、1週間後に、2回目の復習を行います。

この段階で大抵の人は、覚えたことの半分以上は忘れてしまっているでしょう。

だから、もし、あなたが全然覚えていなかったとしても、落ち込むことはありません。

その代わりに、もう一度、ここで完璧に覚え直すのです。

そして、1ヶ月後に、間違えた問題だけ解き直し、全問正解できれば完璧です。

POINT

「過去問」こそ、最高の教材。「5年間分×3回」繰り返そう

Q 筆記試験の勉強ですぐに挫折してしまう……。

誤解している受験生がいますが、筆記試験では、自頭のよさが試されるわけではありません。脊髄反射的に問題をスピーディーに解いていく処理能力の勝負となります。

過去問を徹底的にこなしていれば、間違いなく合格点は取れるようにできています。

継続的に努力することさえできれば、突破できる試験なのです。

ただし、この「継続的な努力」はそう簡単なことではありません。

事実、合理的な勉強法はわかっても、多くの人が途中で挫折してしまいます。

自学自習の習慣が身についていないことが要因の一つです。

「努力できるのも才能だ」という人がいますが、努力は「仕組み」で継続できるようになると私は考えています。

ここでいう仕組みとは、「サボりたくてもサボれない仕掛け」と換言できます。

そのポイントは、「進捗管理」です。

人の意思力は何とも弱いものです。

最初はあれだけ意欲的だったにも関わらず、一人だと数日、数週間もすれば、すぐに誘惑に負けてしまいます。

そこで、第三者の目があることで、「怠けられない」と自分に鞭を打つことができるのです。

「順調なペースだね。その調子で行こう！」

「今週は遅れ気味だから、来週で取り戻そう」

このように、進捗管理をしてくれる人がいるのといないのでは雲泥の差でしょう。

また、計画の立て方も大事です。

計画自体に無理があったら、失敗に終わります。

うまくいく計画は「逆算」がキーワードです。

つまり、試験本番までの全体スケジュールを把握し、そこから逆算して次のように計画を立てましょう。

試験本番までの計画
←
1ヶ月ごとの計画
←
1週間ごとの計画

こうして立てた計画をもとに、あなたの自学自習を管理してくれる第三者に定期的に進捗報告しましょう。

そうすれば、二人三脚で筆記試験を乗り切れるはずです。

ちなみに、前述した武田塾では、自学自習の徹底管理を行っています。

武田塾に通うのも一つの方法ですが、その他にも高校の先生などに頼るのも手です。

いずれにせよ、第三者の力を借りて挫折を防ぎましょう。

POINT

根性論では挫折するのは当たり前。継続は「仕組み」なり

Q 小論文はいつから勉強を始めればいいの?

結論からいいますと、小論文は2~3ヶ月あれば、何とか間に合わせることが可能です。

その理由は、小論文が受験生にとって、「コスパのよい試験科目」だからです。

従来の一般入試でいえば、日本史や世界史を選択すれば、教科書を丸々一冊覚えなければいけません。

一方で、小論文は覚えることがごくわずかです。

何種類も書き方のパターンを覚える必要はありません。

何千もの単語を丸暗記する必要もありません。

拙著『減点されない!勝論文』(エール出版社)を通読すれば、基本的なインプットは完了します。

それらをマスターしたら、あとは演習を重ねるのみです。

時事問題については、直前で多少なりとも詰め込む必要がありますが、それでも他の科目と比べて、圧倒的に少ないです。

このように、インプットしなければいけない量は、他の試験教科と比べて少ないにも関わらず、短期間で合格点に到達することができます。

ただし、「小論文は短期間で乗り切れる」と断言してしまうと、ギリギリまで準備をしない人がいます。

これはまた困りものです。

時間には余裕を持って取り組みたいところです。

小論文を早くスタートするメリットの一つに、抜本的な文章力の向上が挙げられます。

小論文の勉強を通じて、「伝わる文章」を書く力を身につければ、出願書類を書く際にも役立ちます。

ＡＯ推薦入試では、とにかく書くことが多いです。

- □ エントリーシート
- □ 志望理由書
- □ 自己推薦書
- □ 活動報告書
- □ 課題図書レポート……etc.

こうした出願書類を書くにあたって、「書き慣れ」を作れる点は大きなメリットといえるでしょう。

ここで「書くこと」への抵抗をなくしておけば、この先、大学生や社会人になっても得をする機会が増えるはずです。

よって、時間のない受験生は短期集中で乗り切ることを目標にし、時間に余裕のある受験生は、一生モノの文章力を身につけることを目標に取り組むとよいでしょう。

POINT

2〜3ヶ月で準備できる小論文は、「コスパのよい試験科目」

Q

「小論文」と「作文」の違いって何？

大前提として、「小論文」とは何でしょうか？

「小論文＝作文」だと誤解している人がいます。

小論文と作文は似て非なるもの。

具体的な違いはこうです。

小論文では、あなたの「論」を述べます。

一方で、作文では、あなたの「感想」を述べます。

両者の決定的な違いは、「論」が必須か否かです。

では、論とは何でしょう。

一言で説明すると、次のようにいえます。

「意見＋理由」

これが論です。

つまり、小論文とは、「あなたの『意見』と『理由』をセットで答える文章のこと」と定義できます。


「私は○○だと考える」

「私は××だと思う」


これが意見です。

ここで終わらずに、続けて「なぜ、そう考えたのか、思ったのか」、その理由を述べます。


「なぜなら、～からだ」

「その理由は、～からである」


このように意見に加えて、理由を添えることで小論文になるのです。

作文には論が含まれていなくてもマイナスにはなりませんが、小論文には論が不可欠となります。

合格点を確実に超える小論文を書く人は、決まって説得力のある論を展開しています。

小論文の良し悪しを決めるポイントは、「論」の出来にかかっているといっても過言ではないでしょう。

POINT

小論文と作文の決定的な違いは、「論」が必須かどうか

Q どんな受験生が小論文で受かるの？

合格点を取るために大事なことは、「ミスを減らすこと」です。

その理由は小論文の採点方式にあります。

試験の採点方式には、「加点方式」と「減点方式」の2種類があります。

加点方式とは、良い点を見つけて点を付け足していく採点方式です。

例えば、面接は加点方式で採点されます。

「他の受験生よりも優れた回答をしたからプラス点」といったように採点されます。

減点方式とは、悪い点を見つけて点を引いていく採点方式です。

つまり、「誤字脱字があるのでマイナス点、原稿用紙の使い方が間違っているのでマイナス点、論理が矛盾しているのでマイナス点……」といったように採点されます。

小論文は後者で示した減点方式で採点されます。

もちろん、優れた文章を書けば加点されることもありますが、それは合否を分けるポイントではありません。

また、小論文と聞いて、速記の練習をしようとする人がいますが、それはまったくの的外れです。

確かに、小論文の試験本番で時間切れになってしまう受験生は少なくありません。

ですが、それは文字を書くスピードが遅いことが原因ではありません。

一般的な小論文の試験時間、文字数は、60分で800～1000字が標準です。

試しに、60分間で題材はなんでも良いので800～1000字程度の文章を書き写してみてください。

おそらく15～20分程度で落ち着いて書き上げることができるはずです。

留学生のように、日本語に慣れていないというのであれば話は別ですが、日本人であればいくら文字を書くのが遅い人でも十分に書き上げられる量なのです。

これはつまり、小論文は速記の試験ではないということです。

文字を早く書けるに越したことはありませんが、一般的なスピードで書くことができれば、特段早く書けなくてもいいのです。

□ 問いに答えていない
□ 論点がズレている

これらは小論文で落とされる典型パターンだと心得ておきましょう。

「小論文は月並みであってはいけない」と思い込んでいる受験生がいますが、私は断言します。

小論文に「オリジナリティー」は必要ありません。


「人と違うことを書こう」

「独創性や個性を見せよう」


そのような考えでは、自らハードルを上げているだけです。

小論文は、オリジナリティーが求められる大学や大学院で執筆する論文とは違います。

また、小論文は雑誌の見出しやバラエティー番組の企画タイトルとは違います。

一瞬で惹かれるキャッチコピーのような論を書く必要はありません。

POINT

小論文で受かる人は、加点される人ではなく、「減点されない人」

Q 小論文ってどう書くの？

小論文の書き方は三部構成が基本となります。

第一部：結論（15～20％程度）
第二部：理由（50～60％程度）
第三部：展望（15～20％程度）

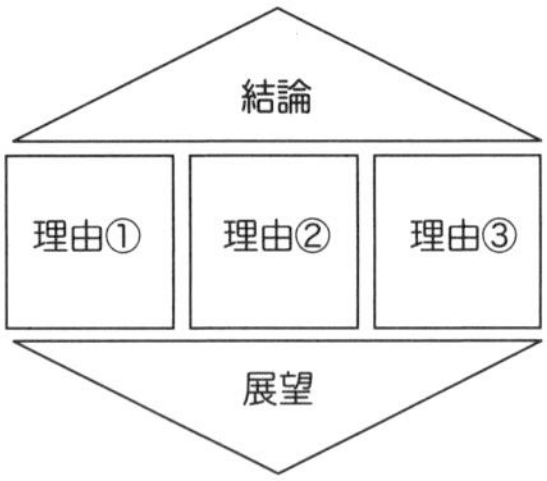

ダイヤモンドメソッド

ひし形に見えることから、私はこの型を「ダイヤモンドメソッド」と名付けました。

【第一部】結論

小論文の書き出しでつまずかないために簡単なコツがあります。
それは「設問をオウム返しすること」です。

そうすることで、設問に対して的確に答えることができます。

設問のオウム返しからスタートしたら、次に「結論」を書きましょう。

最後まで読まないと結論がわからない小論文は好ましくありません。

第一部を書く際は、「結論ファースト」を絶対に忘れないでください。

受験生の小論文を添削していると、賛成とも反対とも言えない、「どっちつかず」の結論を書いている人を見かけますが、このような曖昧な書き方は大きく減点されます。

【第二部】理由

小論文に説得力を持たせる核となるパートです。

このパートの良し悪しが、小論文の評価を分けます。

結論に対する理由は必ず「3つ」書いてください。

ちなみに、理由はインパクトの強いものから順に「後」に挙げると説得力が高まります。

【第三部】展望

このパートはズバリ、小論文の〆になります。

仮に、続きが何も思い浮かばなかったとしても、本論と関係のない内容を書いてはいけません。

ここで書くべき内容は「まとめ」や「今後の展望」です。

まとめについては、第一部で述べた結論をもう一度、表現を若干変えて伝えます。

このときに、最初と最後で意見が違っていないか再確認しましょう。

その上で、今後の展望について触れてみましょう。

今後の展望については、第一部、第二部を踏まえて、将来の抱負について書きます。

いくら抱負といっても、感情を前面に押し出した「気合い系」の文章は歓迎されません。

「これからも頑張ります」「よろしくお願いします」のような意気込みや挨拶文はマイナスです。

POINT

「ダイヤモンドメソッド」に当てはめて書けば、合格点が取れる

Q 「伝わる文章」を書くためのコツを教えて！

小論文を書くにあたって文章力は欠かせませんが、それはセンスや技能のことではありません。論理力が重要視される小論文では、洒落をきかせて、「うまいことをいったな！」と思われるような名文ではなく、一読してスッと頭に入ってくる「明文」が求められます。

小論文における良い文章とは、「伝わる文章」のことであり、それこそが「明文」なのです。明文を書くためのコツはいくつかありますが、ここでは次の4つにまとめて紹介しましょう。

①　一文は40字以内
②　主語を抜かさない
③　一文一意
④　適度な改行

①について、短い文章はそれだけ「伝えたいこと」がクリアになっているということです。

さらに、一文を短くすることでリズムもよくなります。

新聞を読んでみると、ほぼすべての文章が40字以内で書かれていることがわかります。

もし、一文が長くなり過ぎてしまったら、接続詞を使って2つの文に分けましょう。

一文は短ければ短いほどいいと思っていて間違いありません。

②について、主語がない文章は、読み手からすれば誤解が生じやすくなります。
「私は〜」「あなたが〜」といったように、逐一主語を入れましょう。

それによって、意図の取り違いを未然に防ぐことができます。

③について、ここでいう一文一意とは、「1つの文章で伝えたいことは1つだけ」ということです。
限られた文字数の中で、一度に多くの情報を伝えたいという気持ちはわかります。

しかし、一文に伝えたいことを2つも3つも盛り込んでも、結局はたった1つも伝わりません。

④について、小論文を書く上では、入試担当者に「いかにストレスを与えないか」を常に意識することが大切です。

そのためには、適度な改行が有効です。

具体的には「3行に1回」は入れたいところです。

時々、「どこで改行を入れればよいのかわかりません」という質問を受けることがあります。

決まったルールがあるわけではないのですが、文章のまとまりごとに入れるなど、規則性を重視しましょう。

また、一つの段落は最低二文以上で構成してください。

そもそも、改行を入れる理由とは、「読み手が文章を理解しやすくするため」に他なりません。

その意味では、改行した結果、行の半分以上が空白になってしまうようであれば、改行の位置を再考した方がよいでしょう。

そのような改行が続くと、スカスカのイメージを与えるからです。

POINT

伝わる文章を書くために、センスや才能は一切必要ない

Q どうすれば文章力が身につくの？

小論文は「習うより、慣れよ」です。

小論文の実力を身につけようと思ったら、量を積むしかありません。

最初からミスのない小論文が書ける人などいません。

何度も推敲し、失敗から学ぶことによって、ミスは減り、次第に質が向上していきます。

よって、小論文の力をつけるためには、圧倒的な演習量がものをいいます。

そもそも、文章を書くことが大の苦手という人がいます。

文章を書くことに対する苦手意識を克服するための最も効果的なトレーニング方法があります。

それが「模写」です。

模写とは、文章をそのまま書き写すことです。

ただ書き写すだけでいいのです。

とにかく、書いて、書いて、書きまくる！

手で覚えるイメージです。

根気のいる作業ではありますが、文章力はグングン上がります。

ここで何を模写するかが重要となります。

「駄文」を模写しても、実力はつきません。

それどころか、伝わりづらい文章が身についてしまいます。

では、具体的に何を模写すべきなのでしょうか？

おすすめは新聞の「社説」です。

私が社説の模写をおすすめする理由は、2つあります。

1点目は、小説やポエムなどとは異なり、客観的な情報が簡潔にまとめられているからです。

実際の模写ノート

2点目は、一般常識、教養が身につくからです。

特に、AO推薦入試受験生であれば、面接のネタにもなり、まさに一石二鳥です。

ちなみに、大学入試受験生は、社説の中でも入試出題率No.1の『天声人語』がイチオシです。

POINT

「模写」こそ、最良の文章上達術。題材は『天声人語』がベスト

Q 原稿用紙を埋めるコツを教えて！

1000字以上の小論文になると、「500〜600字を埋めるのがやっと……」という受験生が出てきます。

原稿用紙を埋めようと躍起になり、設問とは関係のない内容や中身のない内容を延々と書き続けて原稿用紙を埋めても逆効果です。

高校で原稿用紙の8分目まで埋めれば減点されないと教わったことがある人もいるかもしれません。

しかし、ギリギリ8割を埋めただけでは、減点の対象になることもあり得ます。

できる限り、指定の文字数ピッタリに近づけるように回答しましょう。

ここでは効果的に原稿用紙を埋める4つの方法を紹介したいと思います。

対処法① 「例えば」「具体的に」

対処法② 実体験を盛り込む

対処法③ たしかに〜しかし〜

これらは、ただ単に文字数を稼ぐための「その場しのぎ」ではなく、説得力を持たせるためにも有効です。

対処法④ 第三者のお墨付き

原稿用紙を埋めるための対処法1つ目は、「例えば」「具体的に」です。例を挙げることで採点官も内容をイメージしやすくなり、文字数も稼げます。

「抽象的→具体的」の形は勝論文のテッパンです。

1つの例で3行程度はすぐに増やすことができます。

仮に3つの理由でそれぞれに例を入れたとしたら、10行程度はボリュームアップできます。

原稿用紙を埋めるための対処法2つ目は、「実体験を盛り込む」です。

「誰かから聞いた話」よりも「自分が体験した話」の方がより説得力があります。

小論文では決まって一次情報を随所に盛り込みます。

論を展開するにあたって、自分自身の体験から語れることはないか、思い返してみてください。

原稿用紙を埋めるための対処法3つ目は、「たしかに〜しかし〜」です。

小論文で課せられるようなテーマでは、「100：0」で賛成か反対かに分かれることはありません。

自分とは異なる意見を踏まえて、独りよがりの意見ではないということが伝えられれば、あなたの小論文により深みが増します。

使い方として、自分の意見を述べた後に「たしかに〜」と自分とは反対の人の意見も一理あることを認めます。

そうすることで、反対意見を持った人に対しても一定の理解を示す余裕を見せることができます。

ここで、後述する「賛成・反対メモ」が活きてきます。

両方の意見を考えているので、自分とは反対の意見も書き出しているはずです。

そのうちのどれか一つを使いましょう。

注意点として、「しかし〜たしかに〜」などと誤った使い方をすると、途中で意見がブレてしまう恐れがあり、論理展開を疑われてしまいますので、気をつけましょう。

原稿用紙を埋めるための対処法4つ目は、「第三者のお墨付き」です。

専門家、第一人者、大学教員、研究者、公人、有識者……このような第三者の声を付け加えることで、小論文の説得力がグンと高まります。

POINT

「8割埋めれば減点されない」は大ウソ。ギリギリまで埋めよう

Q 小論文の時間配分はどうすればいいの？

試験開始の合図とともに「見切り発車」で書き出す受験生がいますが、それでは時間配分で失敗しがちです。

文章を書き出す前には必ず構成を考えてください。

構成とは、「何をどの順番で伝えるか」ということです。

小論文で勝つ人は、試験が始まった瞬間から、いきなり書き出すようなことはしません。

それどころか、20〜30分くらい手を止めてじっくりと思考します。

何をどう書くかをまず考え、構成が決まったところで、やっと鉛筆を持つのです。

小論文について誤解している人は、「早く書かなければ……」と試験開始の合図とともに焦って書き出します。

小論文で失敗しない人は、じっくり考えてから書き出しても間に合うことを知っているので余裕があります。

むしろ、そうすることで説得力の高い小論文を書くことができるとわかっているのです。

賛成意見	反対意見
◆　　　　　　　（　　）	◆　　　　　　　（　　）
◆　　　　　　　（　　）	◆　　　　　　　（　　）
◆　　　　　　　（　　）	◆　　　　　　　（　　）
◆　　　　　　　（　　）	◆　　　　　　　（　　）
◆　　　　　　　（　　）	◆　　　　　　　（　　）

さらに、そのようにしてしっかりと構成が練られていれば、何度も書き直す必要もなくなり、結果として早く書き上げることができます。

小論文は賛成で書くか、反対で書くか、立場が決まらないと書き出すことができません。

それをすることで、試験中に滞りなく書き進めることができます。

そこで、次のように「賛成・反対メモ」を作成するのです。

簡易的なメモですので、試験中でもすぐに書けるはずです。

賛成の理由、反対の理由をそれぞれ箇条書きで結構ですので、５つ挙げてみてください。

その中から、実際に小論文として書くのは３つです。

最低でも３つ挙げられないものは意見として

小論文に書けません。

例えば、賛成の理由は2つしか挙がらなかったけれど、反対の理由なら5つ出せたとしましょう。

その場合、反対の立場で小論文を書いた方が、あなたにとって書きやすいということです。

カッコの中には、前述した理由出しのコツに従って、伝える順番を入れてください。

POINT

試験開始からいきなり書き出さずに、まずは「構成」を考えよう

Q 小論文でよく出るテーマを教えて！

一部の大学では次のように専門領域に関わるテーマを出題するところがあります。例えば、東京農業大学 農学部 農学科の2020年度 一般学校推薦型選抜では、次のような課題が出題されました。

【課題】
近年注目されているスマート農業は、「ロボット技術やICTなどの先端技術を活用し、超省力化や高品質生産などを可能にする新たな農業」とされる。今後のスマート農業の導入のメリットと課題についてあなたの考えを述べなさい。

ただし、専門的なテーマばかりが出題されるわけではありません。AO推薦入試だからといって、特別な対策は必要ありません。

学部によっては、専門分野のテーマが出題されることがありますが、まずは基本テーマ

を押さえましょう。


また、小論文では時事問題が課題テーマとして取り上げられることがあります。

その対策を後回しにして、結局、最後まで手が回らない受験生がいます。

日頃から新聞などで随時チェックしておくことが大事なのですが、「それはわかっていたのですが、時間がなくなってしまいました……」という人のために、頻出テーマ一覧をお伝えします。

闇雲に手をつけても非効率です。

この一覧は、ＡＯ推薦入試で絶対に押さえておきたい10テーマといえます。

［1］少子化・人口減少問題
［2］ワークライフバランス・働き方改革
［3］災害・テロ対策
［4］地球温暖化対策
［5］地方創生・活性化対策
［6］格差社会・貧困問題
［7］コンプライアンス・リスクマネジメント

［8］若年層のキャリア形成
［9］人工知能（ＡＩ）
［10］訪日外国人誘致・観光振興

これらのテーマから優先的に頭に叩き込むことで、最小限のインプットで最大限の効果を期待できます。

インターネットや時事特集などを活用して、実用的な知識を一気に詰め込みましょう。

POINT

ＡＯ推薦入試だからといって、特別な対策は必要ない

Q

小論文の効果的な演習方法を教えて！

短期間で小論文の点数を飛躍的に上げるためには、「演習」が欠かせません。
ただし、効果の出ない演習を延々と行っていても時間の無駄です。
演習の鉄則は「一冊を完璧にすること」です。
あれもこれも手を出すことは、効率的とはいえません。
それに多くの受験生は、そこまで時間的余裕もないというのが実情でしょう。
では、小論文において集中的にこなすべき演習とは、何でしょうか？
それは次の問題演習です。

①過去問題 ← ②予想問題 ← ③類似問題

他の演習は必要ありません。

この3つだけで飛躍的に点数が上がります。

過去問題については、最低でも5年分は解きたいところです。

できれば10年分解けると、完全に傾向を理解できます。

予想問題については、大学入試などであれば、書店などで確実に手に入りますので、過去問が一通り終わった段階で、ぜひチェックしてみてください。

大学で閲覧可能な場合やOCで配布されることもあります。

類似問題については、①②が終わったら取り組んでください。

こちらを何年分解くかは、受験生の状況によります。

他の試験科目との兼ね合いをみながら、スケジュールを立ててほしいと思います。

さらに、演習では8割の時間で解くようにしましょう。

普段から厳しい演習を積んでいれば、本番は楽に感じます。

本番でミスをしてしまったり、いつも通りの力を出し切れなかったとしても、余裕を持って合格ラインを突破できます。

POINT

「過去問題」→「予想問題」→「類似問題」の順に解く

Q 要約問題のコツを教えて！

小論文試験の中で「要約」が課されることがあります。

要約とは、文章の要点を短くまとめたものです。

これを課す主な目的は、課題文をしっかり理解できているか、受験生の文章理解力を見るためです。

要約には手順があります。

要約問題は手順を知れば、確実に得点できるボーナス問題です。

正しい要約の仕方を身につければ、減点は防げます。

具体的には次の４ステップで要約を行います。

ステップ①　課題文に目を通し、全体像を掴む
←

ステップ② 各段落の重要文をチェックする
↓
ステップ③ ②から筆者の意見のみを抽出する
↓
ステップ④ ③をつなぎ合わせて文章を整える

それぞれのポイントについて解説します。

ステップ①について、繰り返し出てくる単語については印を付けておきましょう。

また、初めから一気に全体を要約しようとしないことです。

一読して、大まかな展開を把握するように心がけてください。

ステップ②について、段落のない文章の場合、まずは段落に分けることからスタートしてください。

段落を分ける際は、それぞれ役割、意味を持ってまとまっているか意識してください。

その上で、中心文をしっかりと見極めてください。

ステップ③について、具体例や体験談を挙げている部分は除きましょう。
もちろん、あなたの考えや感想を加えることも厳禁です。

ステップ④について、課題文の論理展開に沿った内容にすることを意識してください。
文章の切り貼りではなく、課題文を読んでいない人でもわかるように書きましょう。
課題文の筆者になりかわって書くのがコツです。
ちなみに、「200字以内」の要約であれば、段落分けは不要です。
冒頭の一段下げも必要ありません。

以上、どのような課題であっても、この手順に従ってください。

POINT

要約問題は手順さえ知れば、確実に得点できるボーナス問題

Q 添削の受け方を教えて！

添削を受ける際、大事となるのが、「添削者選び」です。
適切な添削者にお願いしましょう。
次の3つの条件を満たしていることが望ましいです。

①文章能力
②添削経験者
③課題テーマの専門性

①について、当たり前ですが、添削をするには、添削者自身も相応の文章力が必要です。
②について、やはり、過去に添削経験のある人は安心感が違います。
③について、課題テーマに精通していることも必要条件です。
これらを加味して、添削者を選んでみましょう。

もし、身近にこのような人がいなければ、有料にはなりますが、塾や予備校に通う、添削サービスを利用するというのも一つの手でしょう。

ちなみに、添削は「2回1セット」が基本となります。

1回ではダメな理由は、1回の添削では添削者の意図を理解できていない可能性があるからです。

中には、添削者の意図を勘違いして修正してしまう受験生もいるでしょう。

本人は指摘通りに直しているつもりでしょうが、誤った理解のため、うまく修正できていないこともあります。

1回目の添削を受けて修正をしたら、2回目は前回の指摘を正しく修正できているか確認してもらいましょう。

その際、「明日までに添削してほしいのですが、大丈夫でしょうか?」などとお願いしている受験生を見ると、なんとも失礼でマナーがなっていないと感じます。

早めに出せば、もしかしたら、他の人よりも多くの回数を添削してもらえるかもしれません。

基本的に複数の添削依頼を受けている場合、先着順に添削していくはずです。

これはいうまでもありませんが、小論文を見てもらったら添削者への「ありがとうございました」という感謝の言葉を欠かさないようにしましょう。

また、添削者は最低でも2名以上にお願いしたいところです。

それは客観性を担保するためです。

医療の世界では、「セカンドオピニオン」といって、患者が担当医以外の医者に「第二の意見」として治療法などを聞きに行くことがあります。

複数の専門家から意見を聞くことで、より客観的に小論文を評価してもらうことができます。

ただし、複数の人から添削を受けたことで、逆に不安になってしまう人もいます。

両者に対して、「一理ある」と感じたときに大切なことは、添削者の意見に振り回されないことです。

どちらの指摘がより今の自分にとって優先すべきなのか、あなた自身が熟考してください。

添削が終わった答案は、捨てずに保管しておきましょう。

ファイリングしておけば、後で見返すことができます。

その際、紙のサイズがバラバラになると扱いにくくなりますので、A4サイズに統一しましょう。

POINT

添削は「2回1セット」が基本。済んだ答案はファイリングする

Q 説得力を上げるコツを知りたい！

小論文の説得力を上げるために、次の2つを意識してみてください。

□ 数字で語る
□ 断言する

まず、「数字で語る」についてですが、意見を述べる際には、必ず理由が必要となります。

その際に、曖昧な表現では説得力が弱まります。

特に、「無数の」「数多くの」「大量の」といった表現では、読み手は「たくさんあることはわかったけれど、実際、どれくらい多いのかイメージできない」と感じることでしょう。

そこで、具体的に数字を示すわけです。


「前年比120％の増量となった」

「10代の男女200人に調査した結果〜」

このように正確な数字を挙げることで読み手に対する説得力が高まります。

次に、「断言する」についてですが、文末を言い切りの形にすることで、読み手に対して書き手の自信を感じさせることができます。

「〜かもしれない」

「〜と思う」

こうした表現が続くと、少し弱気な印象を読み手に対して与えてしまう恐れがあります。

ここは思い切って、言い切りの形にしてみましょう。

ところで、文体には、「常体」「敬体」の2種類があります。

前者は「だ・である調」、後者は「です・ます調」と呼ばれるものです。

常体を用いて断言すれば、さらに力強く意見を述べている印象を与えることができます。

ただし、小論文は絶対に常体を用いて書かなければいけないものではありません。

文体は学部によって変えて構いません。

例えば、看護医療学部のような「優しさ」「丁寧さ」が求められる学部では、あえて「です・ます調」で書くことによって、それらの能力、適性をアピールできるでしょう。

法学部のような論理的な思考が強く求められる学部では、やはり、「だ・である調」で書いた方が採点官の印象はよいのではないかと思います。

文章を書くときの基本である「誰が読むか」を意識して、文体を検討することが大事です。

そのことを踏まえた上で、常体で言い切りの形になっていると、小論文としての説得力が上がるはずです。

POINT

根拠は「数字」で示し、文末は力強く「言い切る」

MEMO

Part 3を読んで気づいたこと、学んだことをまとめておきましょう。

Part4

「面接・プレゼン編」

Q

面接の種類を教えて！

ここからは面接・プレゼンについてお伝えします。

実際のところ、面接はどのような形式で行われるのか、当日の様子はどのような雰囲気なのか、不安でしょう。

面接の位置付け、進め方は大学によって違います。

そのことを踏まえて、ＡＯ推薦入試の面接は、次の2種類に大別できます。

□ 個人面接
□ 集団面接

「個人面接」とは、複数人の面接官に対して受験生1人で行われる面接形式です。

「集団面接」とは、複数人の面接官に対して受験生も複数人で行われる面接形式です。

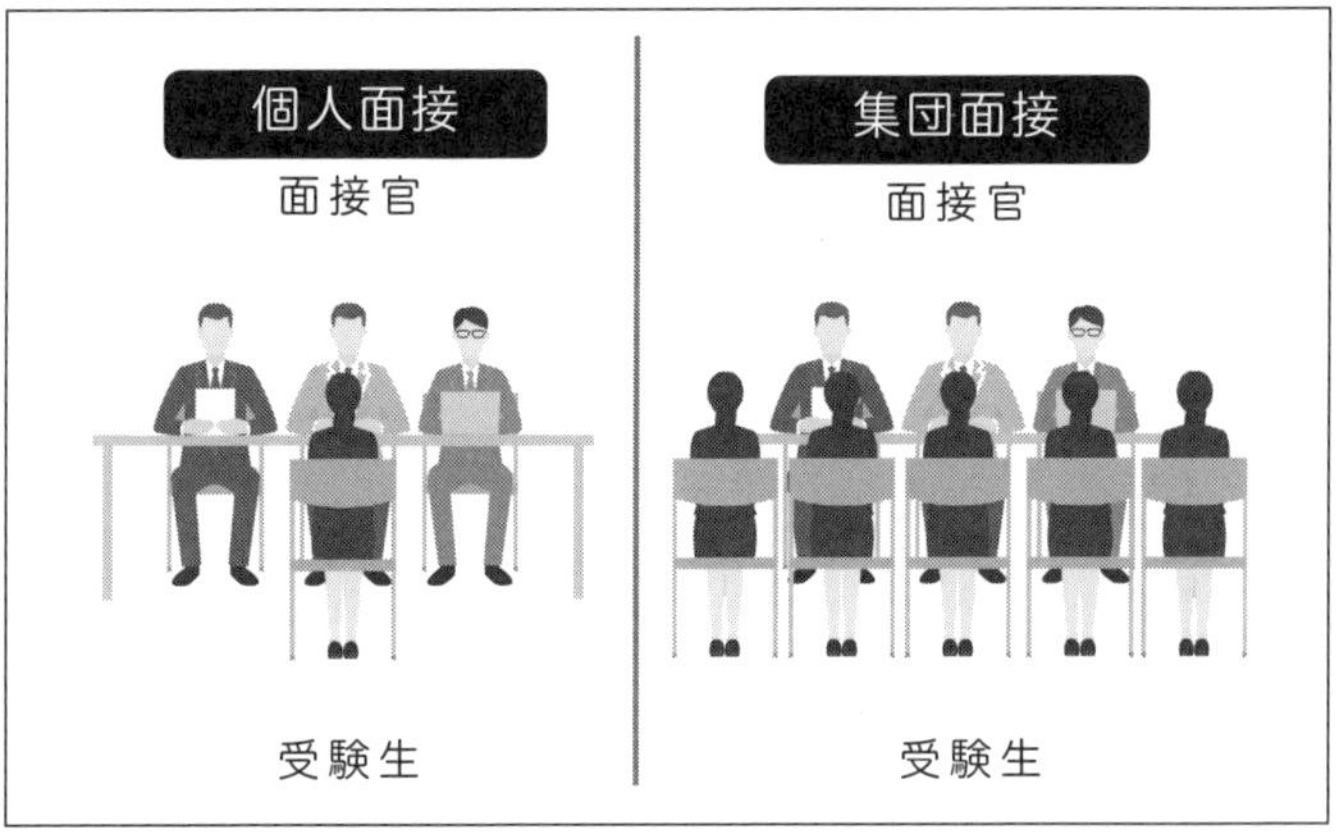

個人面接の場合、面接官は2～3人が一般的です。ただし、中には学部に所属する教員全員で面接を行う大学もあります。

面接時間は1人あたり15～20分程度が基本で、30分も行えば長い部類に入ります。

たった1人のために、これだけの時間をかけて審査するのですから、大学は非常に丁寧な選抜を行っているといえます。

だからこそ、受験生は小手先のテクニックが通用するはずがないのです。

言語は原則として日本語で質疑応答が行われますが、英語でやり取りを行う「英語面接」も存在します。英語面接は主に、国際系、外国語系学部で行われています。

また、個人面接の一環として受験生にプレゼンを課す大学も増えています。

あらかじめテーマが決まっていることがほとんどのため、受験生には事前に十分な準備をして臨むことが求められます。

一方、集団面接の場合、受験生の人数によって、面接官の人数、面接時間は増える傾向になります。

受験生の人数は4～5人が多いです。

集団面接といえども、個人面接と同様に、1人ずつ同じ質問を聞いていくパターンが少なくありません。

その場合、1人で話し過ぎないようにすること、他者の話しをよく聴くこと以外は、特に個人面接との差を意識する必要はありません。

POINT

「個人面接」も「集団面接」も基本姿勢は変わらない

Q 「大学面接」と「就職面接」の違いって何？

面接はＡＯ推薦入試だけでなく、就職活動でも行われます。

しかし、就職活動と大学入試の面接には大きく異なる点があります。

あなたはそれが何かわかりますか？

答えは「お金の流れ」です。

就職活動の場合、会社から内定をもらえば、あなたはお給料としてお金を「もらう側」になります。

一方、大学入試の場合、受験料にはじまり、入学金、授業料と、これらのお金をあなたが「支払う側」になります。

お金の流れが真逆になるわけです。

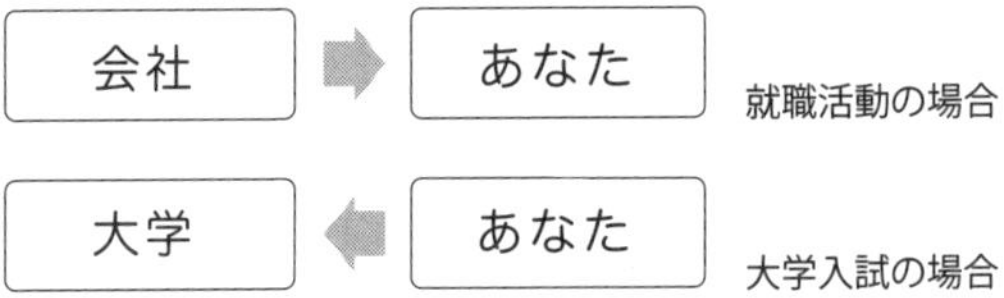

これはつまり、就職活動の面接は少しでもおかしなところがあれば、「落とそう」「減点しよう」とする一方、大学入試は受験生のよい面に目を向けて、「加点しよう」とします。

ここからいえることは、大学入試の面接の場合、当たり前のことが当たり前にできれば受かるということです。

就職活動は「落とすための面接」。

大学入試は「受からせるための面接」。

そう換言することもできるでしょう。

POINT

大学入試の面接は、当たり前のことが当たり前にできれば受かる

Q 「圧迫面接」だったらどうすればいいの？

「泣きながら面接室から出てくる受験生を見た」

「高校の成績が悪いことを厳しく指摘された」

「自己ＰＲを途中で強制的に中断された」


このような話を聞かされたら誰しも不安になるはずです。

いわゆる、「圧迫面接」を心配する受験生がいます。

しかし、実際のところはどうなのでしょうか？

結論をいえば、答えは「ＮＯ」です。

圧迫面接はＡＯ推薦入試では行われません。

「そんなはずはない！　実際、私は圧迫面接を受けました」と訴える人もいるかもしれません。

ですが、それは圧迫面接の定義が違うのではないでしょうか。

中には、「面接官が怖い顔をしている」などといった理由で、それを圧迫だと捉える受験生がいます。

しかし、それは単なる受験生の思い込みであり、通常の面接質問の範疇に入ります。

その他にも例えば、「1分間で自己PRしてください」という質問をされたとしましょう。

受験生は準備してきた自己PRを一生懸命に披露しようとし、ついつい時間を忘れて熱弁してしまうことがあります。

それを途中で制止されたとしても、これは明らかに受験生側に非があります。

面接はあらかじめ時間が決められています。

面接官は限られた時間の中で受験生の適性や将来性を見定めなくてはなりません。

時間を守れないのは、受験生の準備不足が原因といってよいでしょう。

冒頭の話でいえば、泣きながら面接室を出てきた受験生はもしかしたら、同じように準備不足を露呈してしまい、頭が真っ白になって泣いてしまったのかもしれません。

一方、「私は厳しい質問を受けた」という受験生の話を聞いたという人もいるかもしれません。

しかし、それは本当に圧迫面接なのでしょうか?

受験生の勘違いということが大いに考えられます。

評定平均が5段階評価で2点台だった場合、面接官が「なぜ、そこまで成績が悪いのか」と疑問に思うのはごくごく自然なことです。

それを圧迫面接だといわれてしまったら敵いません。

受験生が勝手に圧迫だと感じている場合がほとんどです。

いずれにせよ、理不尽な態度を取られることはないという事実を知っていれば、圧迫面接を恐れる必要はありません。

POINT

圧迫面接は行われない。受験生の単なる勘違いなので心配無用

Q どんな受験生が面接で受かるの？

小論文は減点方式と前述しましたが、それに対して面接は「加点方式」で評価されます。

加点が多い人が受かる受験生です。

では、どのような人が加点されるのでしょうか？

それは、自分の頭で考えて話せる人です。

さて、組織における「人」の評価は、次の4種類に分けることができるといわれています。

- □ 人罪
- □ 人在
- □ 人材
- □ 人財

人罪は、「罪な人」と書きますが、大学や周囲の学生に対して悪影響を及ぼす人です。

人在は、「存在するだけの人」と書きますが、文字通り、ただそこにいるだけの人です。

人材は、「材料として代替可能な人」と書きますが、一人前ではあっても代替のきく人です。

人財は、「財産となる人」と書きますが、「あなたでなければダメだ」といわれる人です。

　このような人財と呼ばれる人は、先述したように自分の頭で考えて話すことができます。

大学はできる限り多くの「人財」を採りたいと思っています。

「この人と一緒に研究したい」と思われ、人として好かれることは大事なことです。

しかし、面接官に好かれようとして迎合しても受かりません。

逆に媚びた印象を与えてしまい、評価を落とします。

「先生のおっしゃることは100％正しい」

「先生の指示通りに動きます」


これでは思考停止状態です。

自分の頭で考えてきた人か、行動してきた人か、その点に関して大学はシビアです。

さらには、「この受験生を入学させて、大学にどれだけメリットがあるか」に関しても厳しく見ています。

ですから、あなたは大学入学後、どのように貢献できるのか、面接官が納得するよう、積極的にアピールしましょう。

では、一体、どのようなことで大学に貢献できるのでしょうか?

あなたが大学に貢献できること、すべきこと、それはズバリ、「研究成果」です。

あなたは研究成果を通じて、大学の発展に貢献していくわけです。

研究の話題を中心に据えて、あなたはどのように大学に貢献していきたいかを具体的に語りましょう。

POINT

「キミでなければダメだ」といわれる人「人財」を目指そう

Q 面接ってどんなことが聞かれるの？

大学・学部によって異なります。
研究テーマによっても異なるでしょう。
ただし、基本的な質問は共通しています。
以下に面接で頻出する基本質問を20個にまとめました。
ぜひ、参考にしてみてください。

1：自己PRをしてください。
2：あなた自身の性格、適性について教えてください。
3：「これだけは人に負けない」というものは何ですか？
4：挫折経験を教えてください。
5：最も影響を受けた人は誰ですか？
6：高校生活について教えてください。

7：評定平均値（内申点）について教えてください。
8：なぜ、この資格を取ろうと思ったのですか？
9：志望理由を教えてください。
10：研究したい内容を教えてください。
11：あなたの目標を教えてください。
12：卒業後の進路、ビジョンについて教えてください。
13：当校を知ったきっかけを教えてください。
14：当校の印象を教えてください。
15：当校は第一志望ですか？
16：当校が不合格だったらどうしますか？
17：経費支弁者について教えてください。
18：最近気になるニュースについて教えてください。
19：最近読んだ本について教えてください。
20：最後に質問はありますか？

これらの質問は本番で面接官から聞かれる可能性が極めて高いです。

自信を持って答えられるように準備しておくべきです。

「実際に質問されるのはこの中からほんの数問だろう」と考えて2つ、3つしか準備をしないようでは足をすくわれます。

「あのとき、もっとしっかり準備をしておけばよかった……」などと後悔しないようにしてください。

POINT

想定外の質問を気にする前に、まずは頻出質問から押さえよう

Q 伝わる話し方のコツを教えて！

話し方が下手な受験生はとても多いです。

「会話のキャッチボール」という言葉があります。

「ポンポン、ポンポンポン……」とテンポよく会話が行き来するイメージです。

これは面接における会話の理想形です。

しかし、中には相手のことを考えずに「会話のドッジボール」を展開してしまう人がいます。

一方的な思いをドーンとぶつけているイメージです。


これではあなたの思いは相手にとって重いだけです。


面接では「伝わる」話し方が求められます。

そのためには、「福利の法則」を身につけましょう。

これは、私が開発した「相手にわかりやすく自分の意見や考えを伝える」ためのコミュニケー

復唱 ➡ 結論 ➡ 理由 ➡ 以上

ション・スキルです。

以下がその構成です。

> 復唱（F）…面接官の質問を繰り返す（的確な返答ができる。時間稼ぎにもなる）
> 結論（K）…最もいいたいことは先に伝える（何がいいたいのか、最後まで聞かないとわからない話し方はNG）
> 理由（R）…結論に対する根拠を示す（結論とセット。「〜から」で終わる呼応表現に注意）
> 以上（I）…発言を締めくくる（スッキリとした印象になる。こちらが話し終えた合図になる）

それぞれの頭文字「F」「K」「R」「I」を取って、「福利の法則」と名付けました。

実践のイメージが湧くように、一つ具体例を示しましょう。

「あなたの長所は何ですか？」という質問をされた場合、福利の法則で答えると、例えば次のような回答になります。

「ハイ、私の長所は（F）人を巻き込むリーダーシップ能力です。（K）その理由は、サッカー部のキャプテンとして、創部以来初となる全国大会ベスト4に導いたからです（R）以上です。（I）」

いかがでしょうか？

シンプルですが、これならあなたの意見や考えがストレートに相手に伝わるでしょう。

1回あたりの回答は短めです。

長くても1分以内にまとめます。

ぜひ、あなたも福利の法則をマスターして、面接官との会話のキャッチボールを楽しんでください。

POINT

伝わる話し方のテッパン、「福利の法則」をマスターしよう

Q 答えられない質問への対処方法を教えて！

「答えられない」と一口にいっても意味合いはいくつかあります。

まず、面接の質問には次の2種類があります。

□ 想定内の質問
□ 想定外の質問

想定内の質問とは、あらかじめ面接官から聞かれることが予想できる質問のことです。具体的には、面接で頻出する基本質問でも前述した「志望理由」「入学後の研究」「卒業後の希望」などが挙げられます。

想定外の質問とは、「まさか、そんなことが聞かれるなんて!?」と意表を突かれる質問を指します。

例えば、研究とはまるで関係のない「面接官の趣味について」などです。

想定内について答えられない場合は、準備不足が大きな原因です。

しっかりと準備をして臨むことが、最大の対処法となります。

さらに、事前に準備していない質問が飛んできた途端、頭が真っ白になってしまうようではいけません。

とはいえ、想定外の質問については、そのすべての想定問答を準備しようとすることは不可能です。

そのようなことをせずとも、福利の法則を使えば、まずは回答することができます。

具体例として、例えば、「TPPの正式名称を答えてください?」と質問をされたとして、次のように答えることができます。

「ハイ、私はTPPの正式名称について、今は答えることができません。
(申し訳ございません。)
なぜなら、高校1年次に学習した内容のため、現在は失念してしまったからです。
(入学までにしっかりと復習して答えられるようにしたいと思います。)
以上です。」

いかがでしょうか？

ただ「わかりません」と答えるよりも、はるかにスマートで、気遣いができるといえるのではないでしょうか。

一口に「答えられない」といっても原因は様々です。

- □ 高校1年生の時に学んだ内容のため忘れてしまった
- □ 普段は答えられるのに、緊張からど忘れしてしまった
- □ まだ習っておらず、もともと知らなかった知識

このように、なぜ、答えられないのかを伝えましょう。

一番よくないのは、「その場で黙り込んでしまうこと」です。

面接官にしてみたら、受験生が何を考えているのかなどサッパリわかりません。

その後、いきなり泣き出すようでは、もう挽回はできないと思ってください。

POINT

「沈黙」「号泣」は即不合格。想定外の質問にも福利の法則が有効

Q

「想定問答カード」の作り方を教えて！

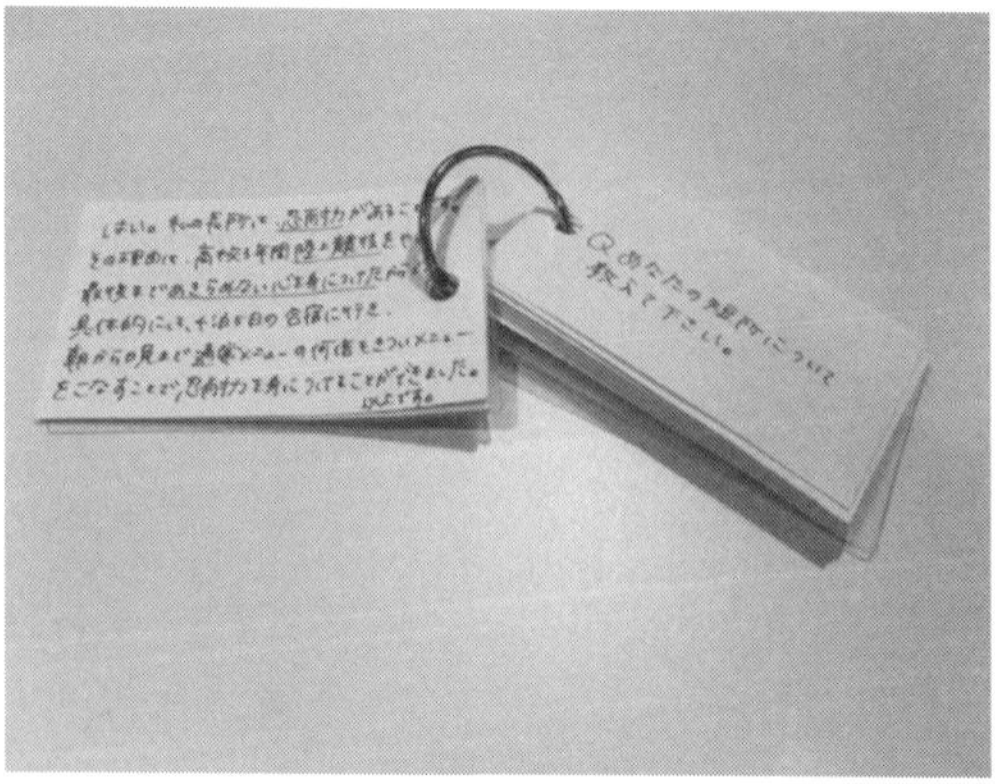

塾生の質疑応答カード

想定内の質問については回答をまとめたら、こちらの写真のように質疑応答カードを作って内容を覚えましょう。

頭の中でまとめるだけでなく、カードを作ることによって逐一確認することができます。

事実、面接会場に行けば、直前までカードをめくってシミュレーションしている人を何人も見かけるはずです。

もしかしたら、ＫＯＳＫＯＳの塾生かもしれません。

作り方はいたって簡単です。

カードの表面には、面接官が聞く可能性のある「質問」を書きます。

裏面には、それに対するキミの「回答」を書きます。

回答は必ずしも全文を書く必要はありません。
「キーワード」だけ書いておくのもアリでしょう。
なぜなら、想定問答カードは内容を丸暗記して話すためのものではないからです。
否、そのような不自然な受け応えは、面接官に対して逆効果です。
大まかに回答内容をまとめ、自然な形で伝えられるようにすることが大事です。
中には、１００以上のカードを作成する人がいます。
しかし、実用性を考えると、50カードくらい作成すれば十分でしょう。
多少なりとも骨の折れる作業ではありますが、ぜひ腰を据えて作ってみてください。

POINT

「想定問答カード」は丸暗記のために作るわけではない

Q
面接のマナーを教えて！

面接マナーというと、言葉遣いについて多くの質問を受けます。

お辞儀の仕方やドアのノック回数について聞く受験生もいます。

例えば、「貴校」と「御校」の違いをあなたは知っているでしょうか？

出願書類を書く際に、大学のことを「貴校（きこう）」と書くことがあると思います。

ですが、面接で貴校は基本的には間違いです。

その理由は、貴校は「書き言葉」だからです。

面接では、先ほど挙げた「御校（おんこう）」が正しい使い方となります。

なぜなら、御校は「話し言葉」だからです。

面接で誤って「貴校は～……」といってしまったからといって、面接官が「けしからんっ！」と激怒することはないでしょう。

ですが、間違った使い方をすると「この受験生は正しい日本語の使い方を知らないんだな」と無意識にマイナスな印象を与えてしまいます。

ちなみに、私はあまり堅苦しくならないように、「〇〇大学」といって構わないと指導しています。

ただし、丁寧に表現しようと、「〇〇大学さん」という人もいますが、これはダメです。

このように、マナーは「知っているか、知らないか」で差がつきます。

こうした知識は、普段から使いこなせるようになっておいて損はありません。

一方で、マナーについて一番大事なことを忘れてしまっている人がいます。

マナーとは、「相手を不快にさせないこと」。

それが本質です。

そして、絶対に忘れてはいけないもの。

それは「心」なのです。

マナーは、心がこもっているかどうかに尽きます。

ゆえに、「形だけ」のマナーほど、相手を不快にさせることはありません。

マナーの本来の意味を理解し、心をこめて実践できるかどうか。

心のこもったマナーは面接で話を聴いてくれている相手を気持ちよくします。

ここで身につけたマナーは、この先、一生役に立ちます。

ＫＯＳＫＯＳでは、「大学入試」という目の前のことだけに捉われず、塾生の将来を見据えて、一生モノのマナーを身につけられるよう、日々指導しています。

合格はゴールではありません。

新たな「スタート」です。

これからの人生で塾生がマナーで困らないよう、KOSKOSでは、大学生、社会人になっても重宝するスキルを身につけてもらうことをモットーにしています。


「KOSKOSで学んでよかった」

AO推薦入試を終えてから、5年後、10年後に塾生OB・OGにそういってもらえたら本望です。

POINT

AO推薦入試を通じて、「一生モノ」のマナーを身につけよう

Q 面接には何を着ていけばいいの？

「人は見た目が9割」といわれることがあります。

その真偽はさておき、いずれにせよ、見た目はそれだけ相手に与える印象に大きな影響をもたらすものともいえます。

私は服装について、受験生にこう伝えています。


「見た目は無難がナンバーワン」


服装では、攻める必要はありません。

それよりも意識すべきことがあります。

「相手に違和感を与えないこと」

「相手の評価を下げないこと」

この2点です。

□ TPOをわきまえない人
□ 不潔ったらしい人
□ みすぼらしい人

こうした印象を与えないことを第一に心がけましょう。

現役生の場合、「制服」が基本です。

きちんとクリーニングをして臨みましょう。

もし、制服が破けていたり、朽ちているならば、新しく買い直した方が絶対にいいです。

通信制高校をはじめ、高校に制服がないという人は、フォーマルな服装が好ましいです。


「白いワイシャツ」

「ブレザー」


こうした特にケチもつかないような無難な格好こそが、面接にふさわしい格好です。

浪人生でもう制服を着られないという人も同様です。

このように見た目には十分な配慮が必要です。

その上で、やはり、勝負すべきは服装ではありません。

紛れもなく、「あなた自身」です。

だからこそ、「服装で記憶に残そう」「爪痕を残そう」などと考えるのはやめましょう。

POINT

制服が基本。勝負するのは攻めた服装ではなく、「あなた自身」

Q プレゼンってどう準備すればいいの？

現在の日本の高校教育では、授業中に生徒がプレゼンを行う機会は残念ながら少ないです。

ＫＯＳＫＯＳでは、プレゼン指導が充実しています。

「練習8割、本番2割」

これはプレゼンでうまくいく人の真髄といえます。

練習をしっかりこなせば、結果の8割は期待できます。

本番での頑張りはたったの2割程度です。

逆にいえば、練習を怠れば、どんなに本番を頑張ったところで挽回は厳しいのです。

確実にプレゼンを成功させる人は、例外なく、おびただしいまでの反復練習を繰り返しています。

中には、1日に何十回、いや、何百回と繰り返している人もいます。

面接は準備してきた質量で決まるといっても過言ではありません。

いくら人前で話すことが得意でも、ぶっつけ本番では通用しません。

「直前まで資料作りに追われて、肝心の模擬練習ができずじまい。そのまま、ぶっつけ本番を迎える……。」


あなたもそんな経験はないでしょうか？

実は、ちょっとしたコツで資料作りは劇的に改善されます。

そのキーワードは「逆算」です。

当日から逆算して、資料作成のスケジュールを決めるのです。

基本的に、その計画に沿って資料づくりを進めていきます。

もちろん、計画通りに物事が進むとは限りません。

否、時間の限られた状況に置かれている人であれば、計画通りに進まない可能性の方が圧倒的に高いです。

その場合、ＰＤＣＡを回して調整を図ります。

PDCAとは、Plan（計画）・Do（実行）・Check（評価）・Action（改善）を繰り返すことによって、スケジュール管理を継続的に改善していく手法のことです。

制約がない人などいません。

その中でいかにうまくまとめるかが腕の見せ所です。

逆算方式によって、プレゼン本番の約1週間前を目処にすべての準備を終えられるようにスケジュールを組みましょう。

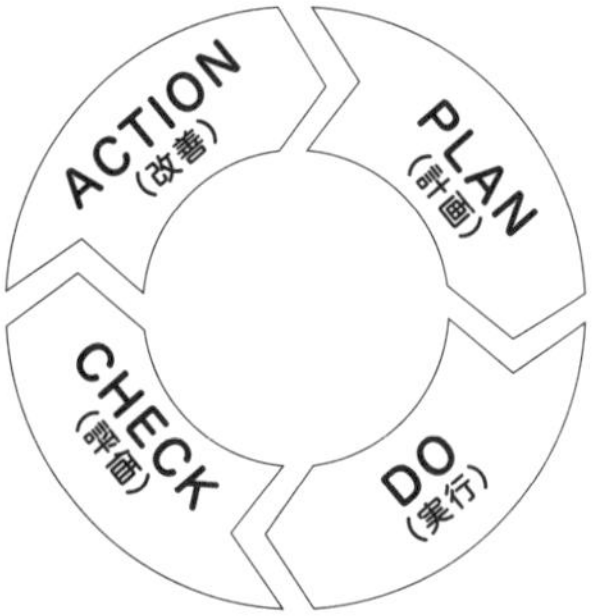

プレゼンのPDCA

プレゼンで失敗する人は、当日を迎えるにあたって、いつまでに何をすべきか、その全体像が見えていません。

ただ目の前のことから取り組んでしまい、有効な時間の使い方ができていないのです。

だから、期限に間に合わなかったり、力の入れどころを間違えたりします。

逆算方式で物事を進めるクセを身につければ、「間に合うか」ではなく、「間に合わせる」という具体的なスケジュールが見えてきます。

POINT

プレゼンは「準備8割、本番2割」。逆算方式で準備する

Q プレゼン資料作りのコツを教えて！

プレゼンで準備すべき資料は大きく分けて、次の2種類となります。

□ パワポ資料
□ 配布資料

合格者のパワポ資料は、考え抜かれているため極めてシンプルです。凝ったアニメーションなどは必要ありません。

配布資料については、特に指定がない限り、A4用紙1～2枚にまとめます。分厚い配布資料は読んでもらえません。

それぞれの資料において大事なことは、「付加価値」があるかどうかです。

ここでいう付加価値とは、「口頭では伝えにくいこと」と換言できます。具体的に、次のような工夫は、資料ならではの付加価値といえるでしょう。

□ 複雑な図表やグラフなどを大きく見せる
□ 相手の気づきをメモするための余白を設ける
□ 一人ひとりに手書きのメッセージを書き込んでおく
□ 後で振り返った時にわかるような補足説明を載せる

これらは資料でこそ伝えることのできる付加価値となります。

例えば、配布資料について、単純にパワポ資料を縮小しただけのものを配布する受験生がいます。

こうした重複は付加価値を生まないため、資料としてはＮＧですので、くれぐれも注意してください。

さらに踏み込んでいけば、デザインも大事になってきます。

シンプルな資料を作る秘訣は、「全体のトーンを統一すること」です。

それだけで一気に見た目に美しい資料ができ上がります。

トーンを統一するためには、「フォント」や「文体」を揃えるなどのポイントがあります。

加えて、「色使い」に気を配ることも一つです。
具体的には、「3色以内」に抑えることが鉄則です。
「2色以内」に抑えることができればよりよいです。
3色と2色では、トーンの統一感がまるで違います。
代表例を挙げると、白と黒のモノトーン。
落ち着いたシックな印象を与えることができます。
ぜひ、実践してみてください。

POINT

資料は相手の理解を促すサポートツールだということを忘れない

Q プレゼンの効果的な練習方法を教えて！

プレゼンの練習は、次の3つのステップに従って行うとよいでしょう。

①　原稿を見ながら「通し」で行う
②　原稿を見ないで「通し」で行う
③　原稿を見ないで「部分的」に行う

まずは想定質問、プレゼンの原稿を作成しましょう。
その上で模擬面接練習に入ります。
最初は原稿を見ながら「通し」で行ってみましょう。
「通し」とは、最初から最後まで全体を一通り行うことをいいます。
本番と同様の形式、時間で行いましょう。
ある程度、慣れてくれば、次に原稿を見ずに行いましょう。

その過程でうまくいかない部分も見えてくるはずですので、今度はそこを集中強化していきます。

せっかく練習を重ねても、そのまま放置していては伸びません。

毎回、反省点をあぶり出し、改善していくことではじめて練習の効果を期待できるのです。

「撮影・録音→文字起こし」

この繰り返しで、「伝わらない部分」を改善します。

文字起こしとは、録音した音声をWordなどに文字情報として写す作業です。

練習の際は、「スマホ」が心強い相棒になります。

一緒に練習につきあってくれる仲間がいなくとも、スマホがあれば、客観的に自身の姿をチェックすることができます。

KOSKOSの塾生は自宅でもうまくスマホを活用しています。

□「えー」「あー」「あのー」が多い
□接続詞の使い方が間違っている
□言葉の定義が曖昧なまま話している

動画、音声で視聴し直せば、話し方のクセがわかります。

さらに、文字情報にすれば、内容面の改善点が見えてくるなど、多くの「気づき」が得られるはずです。

こうした練習を20回、30回と繰り返しましょう。

POINT

「スマホ」と「三脚」は、模擬面接練習の相棒になる

Q WEB面接で気をつけるべきことは？

２０２０年、新型コロナウイルスが大流行し、受験界にも大きな影響を与えました。
それがきっかけとなり、WEB面接（オンライン面接）を実施する大学が増えました。
今後、ますますWEB面接が浸透することが予想されます。
WEB面接だからといっても、大学から問われることは変わりません。
気負う必要はまったくないのです。
それにもかかわらず、未知のものに対して必要以上に恐怖を覚えてしまう人もいます。
そこで、WEB面接特有の注意点を３つお伝えしたいと思います。

注意点① カメラの位置確認
注意点② 大きめのジェスチャー
注意点③ 通信状況のオン・オフ

注意点①について、ＰＣの場合、カメラの位置は通常、画面の上中央にあります。

それに気づかず、画面を見ながら話してしまうと、面接官にはうつむいて話しているように見えます。

事前にカメラの位置をしっかりと確認しておきましょう。

注意点②について、ＷＥＢ面接では些細な動きを読み取りにくいため、ジェスチャー（身振り手振り）を普段よりも少し大きめにすると、相手にちょうどよく映ります。

「大げさかな」と思うくらいがちょうどいいのです。

注意点③について、面接の前後で通信状況のオン・オフをしっかりと確認しましょう。

うっかり通信がオンになっていて、私語が相手に聞こえてしまうなどという失態がないようにしてください。

加えて、ＷＥＢ面接の場合、メモを持ち込みすることができます。

つまり、カンニングペーパーですが、これに関しては、賛否両論ある中でも、私は「賛成派」です。

ＫＯＳＫＯＳでもＷＥＢ面接の際はカンペを用意するように伝えています。

ＷＥＢ面接においては、受験生がカンペを用意していることくらい、面接官も想定の範囲内です。

絶対に伝えたい内容の要点をまとめてカメラの真横に貼っておきましょう。

ＫＯＳＫＯＳの塾生もそうですが、あなたにも何回かはＷＥＢ面接の練習をしてから本番に臨むことをおすすめします。

「強い者、賢い者が生き残るのではない。変化できる者が生き残るのだ」

これは進化論で有名なダーウィンの格言です。

あなたも乗り遅れないためにもいち早くＷＥＢ面接に対応してください。

POINT

ＷＥＢ面接といっても気負ってはいけない。問われる内容は同じ

Q

面接前日に注意すべきことは？

面接前日の注意点として、次の3点が挙げられます。

□ 食べ物
□ 持ち物
□ 交通

「食べ物」については、ナマモノを避けるようにしましょう。

お寿司や生牡蠣などを食べてお腹の調子を崩さないようにしてください。

また、受験生の中には験担ぎでカツレツ（「勝つ」と同じ音が入っていて縁起がいい）を食べる人がいますが、こちらも胃もたれには気をつけてください。

ただし、過度に神経質になるのもよくありません。

家族からすすめられた場合などは、気にせず食べた方が精神的にいい場合もあります。

「持ち物」については、当日朝ではなく、前日にすべてチェックを行ってください。

受験票等の持ち物は募集要項を読み合わせながら抜けがないか第三者と一緒に確認するのがよいです。

そうして、当日は最終チェックを軽く済ませる程度で出かけられるようにしておきましょう。

その他、作成した想定問答カードを持っていけば、本番までの時間を有意義に過ごせます。

「交通」については、面接会場までの経路はもちろんのこと、天候に関しても事前に確認しておきましょう。

快晴の日と台風の日では、試験会場までの行き方も違ってきます。

昼から雨になるとわかっていれば、傘を持って出かけることもできます。

一方、天候を考えなかった人は、試験会場にずぶ濡れで行くことになるでしょう。

その時点で、面接官の印象はまったく違うものとなります。

コツとして、緊急時のパターンを「3つ」用意しておくことです。

例えば、面接会場までの行き方なら「電車」「バス」「タクシー」の3つを用意しておくといった具合です。

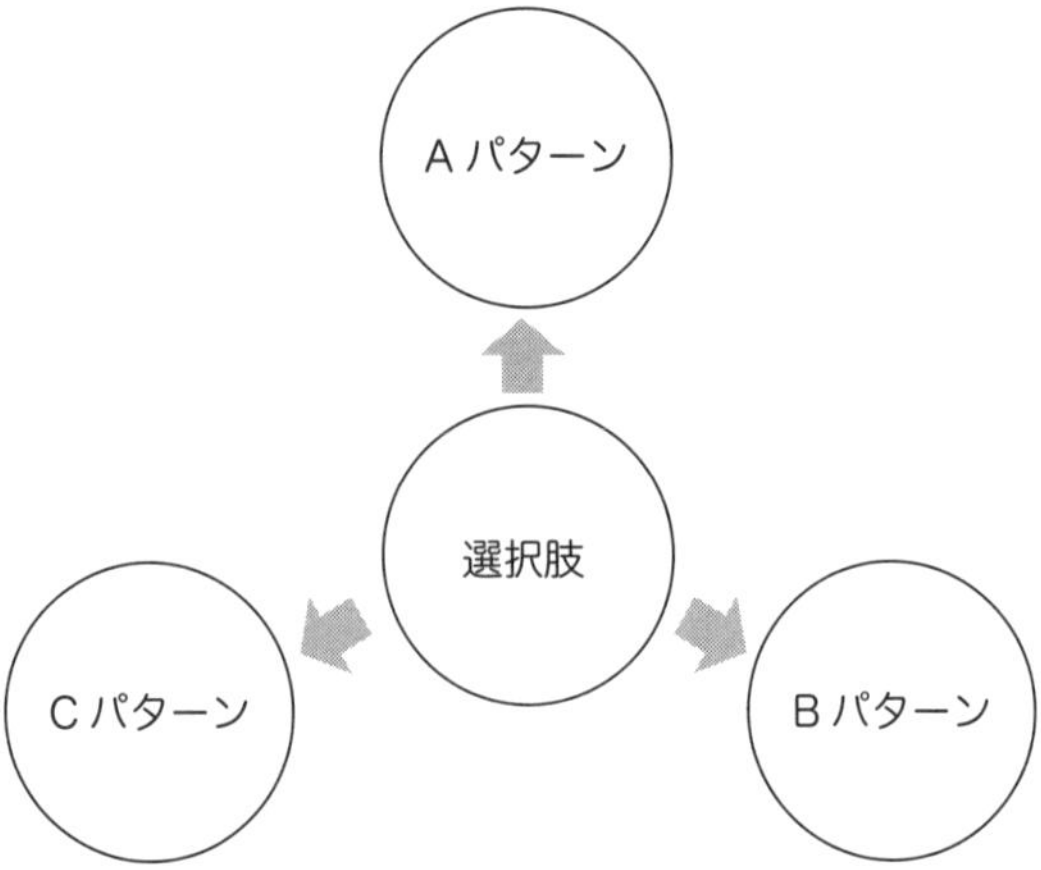

万が一、当日にトラブルが起きても、「Aパターンがダメなら、Bパターン、Cパターン……」と、冷静に別の手段を選択することができます。

「次の一手」を打てるかどうか。

それが確実に合格を手に入れる人とそうでない人の違いといえるでしょう。

POINT

前日にナマモノは厳禁。当日は3つのシミュレーションを行おう

Q 面接当日に緊張しない方法を教えて！

緊張は、準備を積み重ねてきた人だけが感じることのできる特別な感覚といえます。
本番が迫っても、まったく緊張しないという人は「本気」でない証拠です。
一生懸命に準備してきた人が緊張しないはずがないのです。
本番で緊張を完全になくすことはできませんが、それでいいのです。
そもそも、「緊張」と聞くと、マイナスなイメージを抱く人がほとんどでしょう。
しかし、緊張は無条件にいけないことではありません。
緊張には2種類あります。

□ 実力以上のものを発揮させる緊張
□ 力を発揮するのに妨げとなる緊張

この2つです。

前者は、付き合い方によっては集中力が増します。

後者は、その人の性質からくる過度な緊張といえます。

うまく前者に持っていくことができれば、緊張はあなたにとってプラスに働きます。

緊張をプラスのエネルギーに変えることができる人は、自分なりの精神統一方法を持っています。

私が以前、緊張との向き合い方について質問した際、「手に『人』という字を書いて飲む」という高校生がいました。

古典的ではありますが、例えば、こうした行為も一つの方法といえるでしょう。

その他にも、緊張を集中力に変える方法は様々あります。

□ 飴を舐める
□ 目薬をさす
□ 指を動かす
□ 深呼吸する
□ 瞑想する

いずれにせよ、120％の力を発揮するために、緊張は必要不可欠な存在です。
あなたも自分なりの集中法を探しておきましょう。

POINT

「本気」だから緊張する。緊張を120％の集中力に変えよう

MEMO

Part 4を読んで気づいたこと、学んだことをまとめておきましょう。

Epilogue

最後までお付き合いいただき、ありがとうございました！

あなたの悩みは解決したでしょうか？

身近にあなたと同じような悩みを抱えている仲間がいれば、ぜひ、この本の存在を教えてあげてください。

どんなチャレンジも最初の一歩を踏み出さなければ始まりません。

この一歩が合格へと続く大事な、大事な一歩となるのです。

そのことを自覚して、歩みを止めなければ、きっとあなたが望む場所まで辿り着けるはずです。

その道のりは一人ひとり違います。

一度歩き出したら、時には迷うこともあるでしょう。

否、迷いの連続といっても過言ではありません。

道に迷った時はぜひ、ＫＯＳＫＯＳに相談に来てください。

ＫＯＳＫＯＳでは随時、認定講師がマンツーマンで対応する「無料個別相談」を行っています。

無料個別相談

これまでの私たちの経験が、微力ながらお役に立つはずです。

今度はリアルの場で、あなたにお会いできることを楽しみにしています。

最後になりましたが、この本を無事に世に送り出すにあたって、エール出版社の皆様には大変お世話になりました。

心より御礼申し上げます。

２０２１年２月吉日
御殿山のオフィスにて
小杉樹彦

参考文献等

・「蛍雪時代」編集『大学進学ガイド２０２１学校推薦型・総合型選抜ガイドブック』（旺文社）
・「蛍雪時代」編集『大学進学ガイド２０２１新 大学入試の基礎知識』（旺文社）
・小杉樹彦著『減点されない！勝論文』（エール出版社）
・小杉樹彦著『勝者のプレゼン』（総合科学出版）
・小杉樹彦著『ＡＯ推薦入試「志望理由書」の極意101』（エール出版社）
・小杉樹彦著『ＡＯ入試の赤本 改訂新版』（エール出版社）
・小杉樹彦著『ＡＯ・推薦入試の黄本』（新評論）
・内田智之著『評定3.5未満、出席不良、帰宅部でもＡＯ・推薦入試で逆転合格できる！』（エール出版社）

【著者プロフィール】

AO推薦入試専門塾 KOSKOS
塾長 **小杉樹彦**（こすぎ・たつひこ／ニックネーム：こっすん）

▼1986年4月7日。寅年。東京都出身。港区生まれ、品川区育ち。血液O型。
▼慶應義塾大学大学院修了後、約10年間にわたり、一貫して教育業界に従事。
▼日本で唯一となるAO入試の専門家。AO推薦入試指導の第一人者として、延べ3000人以上の受験生を指導し、早慶上ICUなど難関大合格に導く。
▼NHK、日経、プレジデントなどテレビから雑誌まで幅広いメディアに取り上げられる。
▼2019年4月にAO推薦入試専門塾 KOSKOSを立ち上げ、塾長として全国の受験生のサポートに尽力している。
▼同年7月からは、全国の武田塾、約350校舎で受講できる「KOSKOSサテライト校コース」を開講。現在も塾・予備校、高校をはじめ、続々とコラボを展開中。
▼著書『AO入試の赤本』『AO推薦入試「志望理由書」の極意101』（ともにエール出版社）、『AO・推薦入試の黄本』（新評論）、『もうひとつの大学入試AO入試のバイブルAO本』（ごま書房新社VM）など学参書を中心にロングセラーを多数執筆。本書は15作目。

KOSKOS
ホームページ

KOSKOS
チャンネル

「ＫＯＳＫＯＳ×武田塾」サテライト校コースのご案内

ＫＯＳＫＯＳでは、「武田塾×ＡＯ推薦入試専門塾ＫＯＳＫＯＳサテライト校コース」を開校しています。本コースでは、独自の選考、研修を経て認定を受けた選りすぐりの講師陣が、インターネット通話を通じてマンツーマンであなたをサポートします。

「より専門的な指導を受けたい」
「入試までにあまり時間がない」
「家の近所にＫＯＳＫＯＳがない」

このような受験生には、武田塾の各校舎で受講ができる、サテライト校コースがおすすめです。

ＡＯ入試、推薦入試で逆転合格を勝ち取りたいなら、圧倒的な指導力を誇る「武田塾×ＡＯ推薦入試専門塾ＫＯＳＫＯＳサテライト校コース」へ！

武田塾× AO 推薦入試
専門塾 KOSKOS
サテライト校コース

詳細は武田塾の各校舎にお問い合わせください。

大学は逃げていかない。
あなたの挑戦を待っている。

KOSKOS式
総合型・学校推薦型選抜の教科書
[大学入試改革対応]　　＊定価はカバーに表示してあります。

2021年4月20日　初版第1刷発行

著　者　小　杉　樹　彦
編集人　清　水　智　則
発行所　エール出版社
〒101-0052　東京都千代田区神田小川町2-12
信愛ビル4F
e-mail：info@yell-books.com
電話　03(3291)0306
FAX　03(3291)0310
振替　00140－6－33914

ISBN978-4-7539-3502-4